Patsy Clairmont

Wunderbar weiblich

Entdecken Sie Ihre geistlichen Stärken

ONCKEN VERLAG WUPPERTAL UND KASSEL

A
B
C team ABCteam-Bücher erscheinen in folgenden Verlagen:

Aussaat-Verlag Neukirchen-Vluyn
R. Brockhaus Verlag Wuppertal
Brunnen Verlag Gießen und Basel
Christliches Verlagshaus Stuttgart
Oncken Verlag Wuppertal und Kassel

Die amerikanische Originalausgabe erschien
unter dem Titel »I Love Being A Woman«
bei Focus on the Family, Colorado Springs, Colorado 80995 U.S.A.
© 1999 by Patsy Clairmont

Deutsch von Andrea Wichmann und Dorothee Dziewas

Die Bibelzitate wurden folgender Übersetzung entnommen:
Gute Nachricht Bibel, revidierte Fassung, durchgesehene Ausgabe
in neuer Rechtschreibung, © 2000 Deutsche Bibelgesellschaft,
Stuttgart.

© 2001 der deutschen Ausgabe:
Oncken Verlag Wuppertal und Kassel
Umschlaggestaltung: Ursula Stephan, Wetzlar
Umschlagfoto: Mauritius, Mittenwald
Gesamtherstellung: Breklumer Druckerei Manfred Siegel KG
ISBN 3-7893-1240-1
Bestell Nr. 111 240

INHALT

Für die Frau, die mich lehrte,
die wunderbaren Seiten meiner Weiblichkeit zu lieben,
und die auch den Herrn liebte, der mich gemacht hat
– für meine Mutter Rebecca Ann McEuen

Danksagung

Mein Mann hat die erstaunliche Gabe, mich selbst dann zum Lachen zu bringen, wenn ich es gar nicht will. Diese anstrengende Fähigkeit hat uns beiden geholfen, die Höhen und Tiefen beim Schreiben dieses Buches zu überstehen. Immer dann, wenn ich meine Augen nicht mehr offen halten konnte, mein Gehirn einfror und ich hilflos über dem Rechner hing, rettete Les mich und wir gingen essen. Danke dafür, Les, und für all die anderen Dinge, die du tust und die mein Leben leichter, süßer und reicher machen. Und natürlich lustiger.

Ich danke meinem Büroteam, das zufällig gleichzeitig meine Familie ist – mein Sohn Jason, seine Frau Danya und ihr Sohn Marty. Jeder von euch hat mir auf tausend verschiedene Arten und Weisen sowohl praktisch als auch persönlich geholfen. Ich liebe es, dass ihr ein wichtiger Teil seid von dem, was ich tue. Eure Erfahrung und euer Engagement bereichern meine Arbeit und mich.

Meine Freundinnen aus Kalifornien, Virginia Lukei und Jan Frank, erinnern mich durch ihre besondere Freundschaft an die Liebe Gottes. Das offene Ohr von Lana Batemann und ihr betendes Herz helfen mir, in dieser turbulenten Welt meinen geraden Weg zu gehen. Durch diese Freundinnen feiere ich unsere Weiblichkeit umso mehr. Danke, ihr Lieben!

Mit sechs außergewöhnlichen Frauen reise ich herum: Mary Graham, Barbara Johnson, Marilyn Meberg, Luci Swindoll, Sheila Walsh und Thelma Wells. Diese unschlagbare Truppe hat mir gezeigt, warum das Frausein eine so wunderbare

Sache ist. Danke, dass ihr mir vorlebt, was es heißt, das Leben in vollen Zügen auszukosten!

Danke für die gemeinsamen Mühen von »Focus on the Family« und dem Verlag Tyndale House. Mir wurde gestattet, aus den Tiefen meines Herzens weiterzugeben. Ich danke besonders meinen Chefs, Al Janssen und Doug Knox – ihr beide benehmt euch noch nicht einmal wie Bosse! Besser noch: Ihr seid beide Gentlemen. Übrigens, zum Thema Gentleman fällt mir Larry Weeden ein – es macht ungeheuren Spaß, mit ihm zu arbeiten. Er hört gut zu und er ist sehr mitfühlend. Danke, Edie Hutchinson, weil du für mich ein Held warst. Und danke für all dein energisches Bemühen.

Wenn ich eine Frau besonders nennen möchte, die entscheidend zu dem Gelingen dieses Buches beigetragen hat, dann muss ich meine Lektorin Janet Kobobel Grant nennen. Sie hat mich inspiriert und angefeuert und ist mir außerdem eine liebe Freundin geworden. Ich schätze ihre Einsichten sehr, ich vertraue ihrem Urteil und ich respektiere sie als Mensch. Sie ist eine Frau, die man kennen sollte!

Eine Einladung

Halten Sie sich fest, meine Liebe! Wir werden nämlich in Kürze die Höhen und Tiefen des Frauseins erkunden. Es ist wie beim Surfen – wir reiten auf den Hochs der Gefühlswellen, tauchen kopfüber in unsere explodierende Hormonwelt ein und manövrieren uns durch die Strömung der ständigen Anforderungen und Termine.

Die weibliche Welt ist alles andere als statisch – und das ist gut so. Wir Mädels wollen schließlich keinen Rost ansetzen, aber wir wollen auch keine Versuchskaninchen sein, um zu sehen, wie weit sich unsere Gutmütigkeit strapazieren lässt, bevor der Geduldsfaden reißt.

Wir sind ständig bemüht, in einer Welt das Gleichgewicht zu halten, in der es drunter und drüber geht, und wir finden immer wieder heraus, wie wir unsere Kräfte noch besser einsetzen können. Als Frauen haben wir heute endlose Möglichkeiten, und doch ist unsere Lebenszeit begrenzt. Die Zeit ist unsere Freundin und gleichzeitig unsere Gegnerin. Ich bin dankbar dafür, dass meine Zeit in Gottes Händen ist.

Eines der schönsten Geschenke, die Gott uns Frauen gemacht hat, ist die Freundschaft mit anderen Frauen. Ich bin mit einer großen Zahl von Freundinnen gesegnet, die mein Leben durch ihre Intelligenz, ihren Humor und ihre Weisheit reicher gemacht haben. Einige von ihnen werden Sie in diesem Buch kennen lernen. Machen Sie sich doch einfach mit mir und meinen Freundinnen auf den Weg, um die vielen wunderbar weiblichen Eigenarten unseres Geschlechts zu entdecken, und um darüber zu schmunzeln, zu schmollen oder schallend zu lachen!

Die
Gefühle
einer Frau

Gefühlschaos: Sara und Hagar

Mit uns Frauen und unseren Gefühlen ist das schon eine komische Sache: Es ist, als würden sie sich in unserem Inneren zu großen Knäueln verknoten, und irgendwann gibt es einen großen Knall und alle angestauten Gefühle machen sich auf einmal Luft. So auch bei Sara und Hagar: Erst sind sie die dicksten Freundinnen und im nächsten Augenblick gehen sie mit gefletschten Zähnen aufeinander los.

Wie bei vielen begann ihre Beziehung am Arbeitsplatz. Sara war die Chefin und Hagar eine recht aufgeweckte Mitarbeiterin. Aber als Sara Hagar beförderte, ging etwas schief. Die neue Aufgabe veränderte Hagar. Sie plusterte sich auf und lief mit stolzgeschwellter Brust herum. Langsam aber sicher staute sich in Sara eine Menge negativer Gefühle gegenüber Hagar an, und das Gefühlsknäuel verheddderte sich hoffnungslos. Irgendwann riss ihr dann der Geduldsfaden, und sie ging auf ihre Angestellte los. Verletzt und voller Angst rannte die davon.

Was für ein Durcheinander! Hagar war ohne Job, ohne Wohnung, allein stehend und schwanger. Und als wäre das alles noch nicht schlimm genug, war es ausgerechnet der Ehemann ihrer Chefin, der auf Saras Drängen hin das ungeborene Kind gezeugt hatte. Heiliger Bandsalat! Kein Wunder, dass alle ziemlich angespannt waren!

Saras übermächtiges Verlangen nach einem Kind hatte offensichtlich über ihren Gerechtigkeitssinn gesiegt, und sie entschied sich, dem göttlichen Plan für ihr Leben mit ihren eigenen blendenden Ideen ein wenig auf die Sprünge zu helfen. Aber auf die Konsequenzen – einschließlich Hagars

11

Überheblichkeit (ätsch, ich bin eher schwanger als du!) – war sie nicht gefasst, und das trieb die immer noch kinderlose Sara in den Wahnsinn.

Der Herr selbst schickte die weggelaufene Hagar zurück zu ihrer strengen Chefin, was für beide sicher ziemlich unangenehm war. Wobei Hagar inzwischen gelernt hatte, sich zu beherrschen. Oder stellte sie ihre Gefühle am Arbeitsplatz einfach weniger zur Schau? Eine Zeit lang kann man Gefühle nämlich ganz gut unterdrücken (Glauben Sie mir, ich spreche aus Erfahrung!).

Wir hören dann lange nichts mehr von Hagar, bis ihr Sohn Ismael und Saras Sohn Isaak (ja, sie bekam noch ein Kind) aneinander gerieten. Entweder hatte sich Ismael die Einstellung seiner Mutter gegenüber Vorgesetzten abgeguckt oder er war selbst darauf gekommen. Jedenfalls wollte Ismael seinen kleinen Halbbruder Isaak ärgern – und das war gar keine gute Idee!

Mama Sara hörte Ismaels Gerede zufällig mit an, und sofort ballten sich die Gefühle in ihrem Inneren wieder zusammen. Das war doch nicht zu fassen! Wie konnte dieses Balg, der Sohn Hagars, ihr einziges Kind so schlecht machen! Als sie ihren Gefühlen freie Fahrt ließ, musste Hagar ganz schön in Deckung gehen. Und das Lager mit Sack und Pack für immer verlassen – mit ihrem Sohn natürlich.

Puh, nur gut, dass ich Sara niemals in die Quere kommen kann! Vielleicht war es einfach zu viel für sie gewesen, Hagar und Ismael ständig vor Augen zu haben. So wurde sie schließlich immer wieder daran erinnert, wie sie mit ihren eigenen unausgegorenen Gefühlen Gottes Plan zuvorgekommen war.

Man kann ein breites Spektrum an Gefühlen in der Geschichte von Sara und Hagar ausmachen – von schwesterlicher Verbundenheit bis hin zur offenen Feindschaft. Wir sehen Sara lachen (1. Mose 18,12), als sie etwas hätte lernen sollen, und wir lesen, dass Hagar als Angeberin herumlief, während sie eigentlich ihr Haupt zum Gebet hätte neigen sollen (1. Mose 16,4). Ungeduld, Eifersucht, Neid und Gehässigkeit scheinen zu ihrer notvollen Situation dazuzugehören.

Man kann sich lebhaft vorstellen, welches Chaos die Gefühle bei beiden Frauen verursacht haben.

Wenn ich mich mit Sara und Hagar unterhalten könnte, dann würden die beiden mich wahrscheinlich verstehen. Denn auch ich laufe Amok, wenn ich mich an den wechselhaften Signalen meiner Gefühle ausrichte, anstatt mich an dem zu orientieren, der das Licht der Welt ist. Ich habe inzwischen auch eine ziemliche Erfahrung beim Entflechten verhedderter Gefühlsknäuel. Aber leider auch beim Durcheinanderbringen von Gefühlen anderer Leute. Auch ich bin ungeduldig, eifersüchtig, neidisch, und gehässig – das kenne ich gut.

Warum ist das so mit uns Frauen und unseren Gefühlen? Mal ganz ehrlich, meine Damen: Wir sitzen bei diesem gefühlsmäßigen Durcheinander in einem Boot. Wir können in Windeseile von ängstlich zu angeberisch bis hin zu aufgebracht wechseln – inklusive aller Zwischenstufen! Ich glaube, es ist höchste Zeit, dass wir mal darüber reden. Also kommen Sie, gesellen Sie sich zu mir, und wir reden mal über die Hülle und Fülle unserer empfindungsreichen Wesensart.

Gefühlvoll
oder: erfüllt, wohlhabend, florierend

Ich lasse sie dort auf saftigen Wiesen grasen;
auf den hohen Bergen Israels sollen sie ihre Weide finden
und sich lagern. (Hesekiel 34,14)

Ich bin unheimlich gerne eine Frau! Ich feiere meine Weiblichkeit – ich mag schöne Dinge, gemütliche Wohnungen,
poetische Wortfülle, romantische Verabredungen, Brüsseler
Spitze, Kaffeekränzchen, Blumensträuße und Shoppen, bis mir
die Schuhe qualmen. Ich freue mich darüber, Eva-Qualitäten
zu haben, die mich von den Adams dieser Welt unterscheiden.
Ich gehöre gerne zum nährenden, fürsorglichen und aufmun-
ternden Teil der Menschheit. Ich freue mich an den kleinen
Unterschieden, an unserer femininen Nuance, das der frauli-
chen Anziehung und ihrem Geheimnis zuträglich ist. Ich mag
es, wenn man mich als mütterlich, verlässlich und angenehm
bezeichnet.

Ich bin stolz darauf, dass die Geschichte uns Recht gibt: Wir
Mädels sind kompetent, mutig, innovativ und unbezahlbar. Ich
wachse ein Stückchen über mich hinaus, wenn ich in einem
Atemzug genannt werde mit jenen, die vor uns da waren – mit
Rut und Debora aus dem Alten Testament, mit Lydia aus
dem Neuen Testament, und all jenen von Florence Nightin-
gale bis hin zu Corrie ten Boom. Wir haben Kinder gewiegt,
Länder regiert und als Unternehmerinnen Erfolg gehabt. Wir
haben Männer und Kinder erfolgreich ermutigt, ihre eigenen
Siege zu erringen. Ja, ich finde es toll, eine Frau zu sein.

Nicht, dass wir Frauen nicht auch einige recht spezielle
Eigenheiten hätten, die von unkonventionell bis hin zu

schlichtweg furchtbar reichen. Nehmen Sie zum Beispiel meine Gefühle. (O ja, nehmen Sie unbedingt ein paar von meinen Gefühlen – ich habe mehr als genug davon!) Manchmal explodiert das Gefühlschaos in mir und dann wundern sich alle über diese völlig unerwarteten Ausbrüche – ich selbst auch. »Was war denn das?« Wie kann Mutti, die Leben spendende, die warme Schulter zum Anlehnen, so plötzlich zur Feuer speienden Madame Vesuv mutieren?

Ja, unsere Gefühle können eine Schneise der Verwüstung hinter sich zurücklassen. Aber wir können vermeiden, uns selbst und andere durch unsere emotionale Fülle einfach umzuhauen.

Doch lassen Sie mich zuerst ein paar Fragen stellen: Was fühlen Sie in diesem Augenblick? Können Sie Ihre Empfindungen aufzählen? Wie viele verschiedene Gefühle können Sie benennen?

Vielleicht kann ich Ihnen dabei helfen. Fühlen Sie sich sicher, zufrieden, ruhig? (einen Moment mal – ist »sicher« ein Zustand oder ein Gefühl?) Oder fühlen Sie sich flatterhaft, zerbrochen und verlassen? (Sind dies Gefühle oder Verhaltensmuster?) Vielleicht klappt heute alles, und der Tag ist voller Friede, Freude, Geduld und Sanftheit. (Stopp mal! Sind das nicht Früchte, im Sinne von Früchten des Geistes, und nicht Gefühle?) Menschenskind! Kein Wunder, dass wir nicht ausdrücken können, wie wir uns fühlen, wenn wir die Gefühle nicht einmal definieren können!

Wir wissen, dass man Gefühle ausdrückt. Jedenfalls sollten wir es tun. Unsere Gefühle sollten uns zur Verfügung stehen, damit wir angemessen auf das Leben reagieren können. Sie helfen uns, Dampf abzulassen – und dabei müssen positive Gefühle ebenso raus wie negative!

Ich liebe zum Beispiel die Weihnachtszeit, aber die Feiertage sind auch ziemlich anstrengend – körperlich und seelisch. Am Anfang fühle ich mich wie ein hübsch eingepacktes Weihnachtsgeschenk und am Ende komme ich mir vor wie weggeworfenes Geschenkpapier unter dem Weihnachtsbaum. Inzwischen weiß ich, dass ich, wenn ich meine emotionalen Ventile nutze (mehr darüber später), genug Energie für die Weihnachtsfeiertage habe, ohne dass bei mir eine Sicherung durchbrennt.

Es ist, als hätten wir tausendmal mehr negative als positive Emotionen. Ist Ihnen das schon einmal aufgefallen? Auf der positiven Seite haben wir Gefühle wie Liebe, Freude und Friede (und die Unterformen davon). Auf der negativen Seite haben wir Hass, Wut, Verbitterung, Depression, Enttäuschung, Schmerz, Frustration, Verzweiflung, Trauer, Angst, Einsamkeit und und und.

Es scheint, als würden sich die schlechten Gefühle immer zusammenrotten – wie die bösen Jungs im Film. Bedeutet das, dass wir nicht gewinnen können? Oder dass wir von unseren Gefühlen immer aus dem Hinterhalt angegriffen und hinterrücks überwältigt werden? Auf den folgenden Seiten werden wir uns unsere emotionalen Wahlmöglichkeiten vor Augen führen – vor allem an den Tagen, wenn unsere Gefühle sich gegen uns verbündet haben und wir in die Enge getrieben sind.

In die Enge getrieben zu sein – diesen Zustand kenne ich selbst sehr gut, denn ich war früher hilflos meinen unkontrollierten Gefühlsausbrüchen ausgeliefert. Als junge Erwachsene war ich sogar ans Haus gefesselt, weil ich panische Angst hatte, es zu verlassen. Ich war vor Angst wie gelähmt, schuldbeladen und immerzu wütend. Das ist keine sehr attraktive Zusammenstellung. Aber viele von uns kämpfen dagegen so mit dem Rücken an der Wand, als hätten wir keine andere Wahl. Ich habe gelernt: Wir haben die Wahl. Und weil die Gefühle uns Tag und Nacht beschäftigen, weil sie damit einen Großteil unseres Lebens ausmachen und entsprechend viel Zeit und Pflege benötigen, sind sie sozusagen ein Fulltimejob. Ein Wutanfall kommt schließlich nicht aus heiterem Himmel – man muss schon eine ganze Menge negativer Gefühle ansammeln, damit es auch richtig kracht.

Sie haben sicher längst gemerkt, dass das Unterthema dieses Buches die Gefühle sind, obwohl es doch eigentlich um das Frausein gehen soll.

Mir jedenfalls fällt es schwer, von dem einen zu reden, ohne auch das andere zu meinen. Und ich bin froh darüber, dass das so ist. Zugegeben, manchmal bin ich gar nicht begeistert davon, dass beides so sehr miteinander verbunden ist. Und es gibt immer noch Dinge, die mich verunsichern und meine Gefühle aus der Bahn werfen, so dass ich mir wünsche, eine gute Fee käme vorbei und nähme mir ein paar meiner weniger schönen Gefühle ab. Es gibt einige, die ich wirklich nicht vermissen würde. Doch alles in allem empfinde ich meine Gefühle als ein außergewöhnliches Geschenk in meinem Leben. Und ich erzähle Ihnen auch gerne, warum.

Gesund
oder: fit, ausgeglichen, kraftvoll

*Ich wünsche dir, dass es dir in jeder Hinsicht gut geht
und du gesund bist, so wie ich das von deinem
inneren Leben weiß. (3. Johannes 2)*

Es kommt mir vor, als wäre es gestern gewesen – dieses
unglaubliche, atemberaubende Gefühl, meinen erstgeborenen
Sohn in den Armen zu halten. Dieser Moment, als mir der kleine Körper in den Arm gelegt wurde, veränderte mein Leben
schlagartig. Ich fuhr die Linie der kleinen Öhrchen mit meinen
Fingern nach und flüsterte ihm Zärtlichkeiten zu. Ich zählte
seine Finger und Zehen, staunte über seine langen Augen-
wimpern und kicherte beim Anblick seiner vollen schwarzen
Haarpracht, die bis in den Kragen seines kleinen Jäckchens
reichte. Als ich dieses kleine Wesen betrachtete, entschloss ich
mich, von nun an ernst zu machen mit Gott und seiner Kirche.
Ich sah meinen Sohn an und wusste, dass es einen Gott gibt,
der für mich sorgt. Das Wunder des Lebens führte mich dazu,
nach dem Lebensspender Jesus zu suchen, und einige Wochen
nach Martys Geburt wurde ich in einer kleinen Dorfkirche vor
der versammelten Gemeinde von fünfunddreißig Leuten selbst
noch einmal geboren.

Während ich an diesem Tag betete und den Sohn Gottes
bat, in mein Herz zu kommen, fiel es mir wie Schuppen von
den Augen. Als ich aus der Kirchentür heraustrat, kam es mir
vor, als sähe ich den Himmel und die Erde zum ersten Mal.
Die Sonne schien heller als zuvor. Der Anblick des Himmels,
der sich schier endlos über dem grünen Gras erstreckte, ver-
schlug mir fast den Atem. Und dann war da noch der See: Er

glitzerte, als würden tausend Diamanten über die Wasseroberfläche tanzen. Es schien, als feierte die Natur meine Entscheidung, dem Schöpfer zu folgen. Ich hatte Gottes Handeln niemals zuvor so intensiv gespürt wie in der Nacht der Geburt meines Sohnes und am Tag meiner Wiedergeburt.

Diese Erinnerungen treten in so leuchtenden Farben hervor, weil sie in Gefühle eingebettet sind. Eine solche Emotionalität lässt Füße tanzen, Augen leuchten, Hände klatschen, Freunde kichern, Feinde sich umarmen, Menschen sich verschenken, Kinder singen und Vergangenes in neuem Licht erscheinen. Unsere Gefühle können uns erfüllen, uns Angst machen, uns stärken oder uns in die Irre führen. Neulich hörte ich eine Bemerkung, über die ich lächeln musste, weil so viele Gefühle darin zum Ausdruck kommen: »Vier von fünf Stimmen in meinem Kopf sagen mir, ich soll den Schokoladenkuchen essen.«

Gefühle machen uns Angst, wenn sie herzzerreißendes Leid bedeuten, aber sie sind wunderbar, wenn mit ihnen tiefe, innere Freude Einzug hält. Und das ist auch das Dilemma: Wenn wir das eine ablehnen, dann verlieren wir auch das andere. Wir können die Furcht nicht aussperren, ohne auch die Freude außen vor zu lassen. Wir können die Sorge nicht ignorieren, ohne auch das Gefühl vollkommener Erleichterung zu verpassen. Wir können negative Gefühle nicht verneinen, ohne auch die positiven auszuschließen.

Was sollen wir Frauen also tun, wenn die Gefühle uns überschütten wie ein Wasserfall? Ich möchte einen Vorschlag machen: Stehen bleiben. Augen auf. Ohren spitzen.

»Also wirklich, das ist doch Kinderkram«, sagen Sie jetzt vielleicht. Wirklich? Wie lange ist es her, dass Ihre Gefühle Sie vollkommen überrannt haben? Können Sie sich an eine Gelegenheit erinnern, wo Sie sich jetzt noch wünschen, Sie hätten erst nachgedacht, bevor Sie aus Ihrer emotionalen Kurve direkt in einen Beziehungsstau gerauscht sind? Und wenn Sie mir nur ein bisschen ähnlich sind, dann haben Sie schon oft bedauert, den vier Stimmen in Ihrem Kopf gehorcht zu haben, die Ihnen zu dem Schokoladenkuchen rieten.

In der fünften Klasse war ich Schulhofhelferin, das war so etwas Ähnliches wie Schülerlotse. Wir passten auf dem Schulgelände auf, während andere die Kinder auf ihrem Heimweg sicher über die Straße brachten. Es war eine große Auszeichnung, in dieser Lotsen-Truppe zu sein, denn es bedeutete, dass man sich in Fragen der Sicherheit auskannte. Und so war man verantwortlich dafür, auf andere aufzupassen und, wenn nötig, Querulanten dem Aufsicht führenden Lehrer zu melden (Petze zu sein!).

Und was war uns als Sicherheitsteam wohl eingeschärft worden? Genau: Stehen bleiben. Augen auf. Ohren spitzen. Drei wichtige Schritte, egal ob man auf den Verkehr achtet, um Unfälle zu vermeiden, oder ob man herumrennende Kinder bremst, um Zusammenstöße zu verhindern, oder ob man sich vor Gefühlsangriffen wappnet, um emotionale Desaster zu umgehen.

Der Schritt »Stehen bleiben« ist mir besonders wichtig geworden, wenn ich mit meinen Gefühlen zu tun habe. Es hat mir geholfen, den Unterschied herauszufinden zwischen dem, was sinnvoll, und dem, was unsinnig ist. Jahrelang habe ich zugelassen, dass die Gefühle Entscheidungen für mich trafen. Wenn ich mich nicht danach fühlte, morgens früh aufzustehen, schlief ich eben bis mittags. Wenn ich mich nicht danach fühlte, das Haus zu putzen, sah ich zu, wie sich überall kleine Berge bildeten. Und wenn ich mich mies fühlte, verbreitete ich überall meine schlechte Laune und steckte so meine Umgebung mit meiner Launenhaftigkeit an.

Dieses Verhalten, liebe Freundinnen, war zerstörerisch und musste aufhören. Ich hatte schon zu lange zugelassen, dass meine Gefühle eine Aufgabe in meinem Leben übernahmen, die ihnen von Gott gar nicht zugedacht war – nämlich zu denken. Meine Freundin Marilyn Meberg hat es einmal auf den Punkt gebracht, als sie sagte: »Gefühle haben kein Gehirn.« Ich finde, es lohnt sich, darüber einmal nachzudenken.

Gefühle sind dazu da, um Beziehungen entstehen zu lassen, zu anderen Menschen und zum Leben allgemein. Sie sollen nicht vernünftig und rational sein. Und ganz sicher sollen sie keine Gehirnzellen ersetzen. Wir neigen dazu, uns entweder auf unseren Verstand zu verlassen oder auf die Gefühle. Und das führt dazu, dass wir entweder verkopft und herzlos oder aber bedürftig und ahnungslos sind.

Wir müssen lernen, gute Köpfe und große Herzen zu haben. Aber das wird nicht passieren, wenn wir auf unserem Allerwertesten sitzen bleiben. Emotional gesund werden Menschen, wenn sie unermüdlich Augen und Ohren aufsperren – wenn sie nach Gottes Willen Ausschau halten und auf seine Worte hören. Seine Wegweisung soll uns geistig und emotional ebenso bewahren wie in unseren Beziehungen.

Als ich begann, die Bibel in meine Gedankengänge einzubeziehen und ihrer Führung zu vertrauen, egal, wie unzuverlässig meine Gefühle waren, wurde ich ausgeglichener. Anstatt mich auf meine ausgefransten Nerven zu verlassen, entschied ich mich dafür, meinen Geist mit der Wahrheit zu füttern und durch Gehorsam meinen Charakter zu stärken. Das bedeutete: Wenn ich mich nicht danach fühlte, morgens aufzustehen, tat ich es trotzdem. Am Anfang war es, als würde man einen gestrandeten Wal bewegen wollen (ein träger Geist ist eine schwerwiegende Sache!). Wenn ich keine Lust hatte, das Haus zu putzen, dann tat ich es trotzdem, allerdings nicht alles auf einmal. Nach und nach schaufelte ich Gänge durch das Chaos und irgendwann kam wieder Ordnung in meinen Haushalt. Und wenn meine Stimmung ganz übellaunig und düster war, dann setzte ich mühsam einen Fuß vor den anderen, bis ich einen Weg ans Licht gefunden hatte.

Es ist nicht leicht, sich zu ändern, aber es ist möglich. Und mit jedem Stück Veränderung, das mir gelang, begannen meine Gefühle die Bemühungen zu unterstützen und trugen immer mehr zu meinem Selbstwertgefühl bei. Immer wieder einzelne Dinge richtig zu machen führt schließlich dazu, dass man sich insgesamt besser fühlt.

Sogar mein Ruf bei anderen (Familie und Freunden) wurde langsam besser. Ich entwickelte mich von bemitleidenswert zu praktisch – und manchmal sogar bis zu weise. Natürlich bin ich manchmal immer noch bemitleidenswert, aber »manchmal« heißt eben auch, dass ich es nicht ständig bin. Und was meine Weisheit anbetrifft, habe ich gelernt: Wenn ich Gottes Worte weitergebe, anstatt meine eigenen Ansichten (und von denen habe ich ganze Wagenladungen voll), dann stehe ich nicht nur viel besser da, sondern alle profitieren davon.

Um vom emotionalen Reichtum hin zur emotionalen Gesundheit zu wachsen, musste ich aufhören, meine armen verhedderten Gefühle überzustrapazieren (indem ich zuließ, dass sie mir jede Menge Knoten im Gehirn bescherten). Wie Sara musste auch ich nach Weisheit suchen, die jenseits meiner Möglichkeiten liegt. Das heißt, ich durfte dem Diktat meiner falschen Einschätzungen nicht länger Folge leisten. Und wie Hagar musste ich lernen, auf Gottes Worte für mein Leben zu hören: »Dies ist dein Weg. Geh ihn.«

Einige von Ihnen denken wahrscheinlich, dass Sie bereits jemand sind, der im richtigen Moment stehen bleibt und Augen und Ohren aufsperrt. Sie stehen mit den Hühnern auf, bei Ihnen zu Hause sieht es aus wie in einem Schöner-Wohnen-Heft, und oft hört man Sie mit fröhlicher Stimme Anbetungslieder schmettern. Ich weiß, dass nicht alle Frauen so in ihren Gefühlen gefangen sind, wie ich es war, aber ich glaube, wir alle haben noch die Möglichkeit zu wachsen und zu lernen.

Auf den folgenden Seiten werden wir uns mit vielen Lebens- und Verantwortungsbereichen von Frauen beschäftigen. Wir werden darüber nachdenken, wie unser emotionaler Reichtum uns in gesundem Maße dienlich sein kann, und uns unserer Sehnsucht stellen, einen wichtigen Beitrag in dieser Welt zu leisten, die unser weibliches Gespür, unsere Worte, Visionen, Gedanken, Herz und Geist so dringend braucht. Der Herr hat uns dazu begabt, sowohl feinfühlig als auch mutig zu sein, überzeugt, aber nicht starrsinnig, umsorgend und zugleich stark. In den folgenden Kapiteln wollen wir stehen bleiben, die Augen aufsperren und auf Frauen hören, die uns vorausgegangen sind, und die Erfolge und Misserfolge hatten. Frauen wie Abigail, Rut, Ester, Debora, Hagar und Sara. Frauen wie Sie und ich. Wir wollen von ihrem Vermächtnis an uns lernen.

Also kommen Sie – lassen Sie uns unsere wunderbar weiblichen Eigenschaften erforschen und feiern! Die meisten Frau-
en tun sich von Natur aus gerne zusammen – ja, sie blühen in
Freundschaften förmlich auf. Wie in dem Lotsenteam an unserer Schule können wir einander helfen. Und wenn eine von
uns vom Weg abkommt oder ihre Gefühle sich verheddern,
können wir gemeinsam Jesus um Hilfe bitten, der alles im
Griff hat.

Gottes gute Gaben: Ein Gebet

Herr, wir erkennen, dass du keine Fehler machst, und deshalb ist die Vielfalt unserer Gefühle auch Teil deines wunderbaren Plans für uns. Wir sind uns darüber im Klaren, dass du unsere Gefühle nicht gemacht hast, damit sie unser Leben bestimmen. Wir haben sie, damit wir Liebe empfinden, Sicherheit geben und Beziehungen aufbauen können. Selbst Verlust sollen wir erleben, damit wir nicht hartherzig und dem Kummer anderer gegenüber gleichgültig werden.

Herr, hilf uns an unseren Sara-Tagen, wenn wir den wunderbaren Reichtum unserer Gefühle damit verschwenden, Rachepläne zu schmieden. Hilf uns vielmehr danach zu streben, dass wir auch den Hagars in unserem Leben vergeben können – und uns selbst für das, was wir zu den Problemen beigetragen haben.

Sei bei uns in unseren Hagar-Momenten, wenn wir uns überheblich aufplustern und anschließend am liebsten vor Scham im Boden versinken würden. Wir wollen ein dankbares Herz haben für all die guten Gaben, die wir von dir erhalten haben.

Wir wissen, dass unsere Schwester Sara Zeiten hatte, in denen ihre Gefühle sich zu einem großen Knäuel verhedderten, aber sie hatte auch viele gute Tage – Tage, an denen wir deine schützende Hand in ihrem Leben klar erkennen können. Und wir können Hagars Fußabdrücken in die Wüste folgen, wo sie niederkniete und zu dir betete, und du großzügig für sie gesorgt hast. Danke, dass du uns durch all unsere emotionsgeladenen Tage hindurchhilfst. Amen.

Die
Seele
einer Frau

Seelennahrung: Abigail

Wahrscheinlich war Abigail (die aus 1. Samuel 25) die erste Frau, die an einer Durchgangsstraße einen Imbissstand eröffnet hat. Ich weiß, kurz vorher hatte Gott für das himmlische Manna gesorgt, das dann auf das wandernde Volk der Israeliten herabregnete. Später sehen wir dann Elia, der sich quasi von Vogelfutter und vom Gebet ernährte. Und da war noch die Witwe, deren unendlicher Ölvorrat den schlimmsten Hunger verhinderte. Und ich habe auch den kleinen Kerl nicht vergessen, dessen fischige Spende einem ganzen Schwarm Menschen als Köder diente. Aber ich glaube, Abigail war die erste Frau, die einen echten ambulanten Cateringservice aufmachte, sozusagen ein »Essen auf Rädern«. Und dabei Nahrung für Leib *und* Seele zu bieten hatte!

Was mich beeindruckt, ist nicht die Tatsache, dass Abigail anderen etwas zu essen gab. Aber wie sie die Speisen präsentierte und wem sie sie anbot, das ist wirklich erstklassig. Und ihre Einfühlsamkeit und Weisheit sind eindeutig ein Grund mehr für mich, ein Loblied auf das Frausein zu singen.

Aber erst mal der Reihe nach: Abigail war mit einem Dummkopf verheiratet. Im Ernst! Nabal war ein eingebildeter Typ, der aber nichts vorzuzeigen hatte, worauf er sich etwas hätte einbilden können. Er hatte Geld wie Heu, aber er war ein armes Würstchen in Sachen sozialer Kompetenz. Er war geldgierig und zwielichtig. Denen, die ihn umgaben, brachte Nabal nichts als Respektlosigkeit und Hass entgegen. Und als der Geizkragen David und seine Leute beleidigte, weil er von seinem Überfluss nichts abgeben wollte, besiegelte Nabal sein eigenes vorzeitiges Ende.

Es war nämlich so: Davids Männer hatten ganz treu auf Nabals Arbeiter aufgepasst und sie und ihre Herden vor den herumziehenden und marodierenden Banden beschützt. Aber als es Zeit war, den Braten zu teilen, weigerte sich Nabal, Davids Leuten Tisch und Bett anzubieten. Jeder Dummkopf weiß doch, dass man sich einem hungrigen Mann besser nicht in den Weg stellt, und viel weniger noch Hunderten von hungrigen Kriegern – jedenfalls nicht, wenn man noch Pläne für die Zukunft hat. Aber genau das tat Nabal. Er verschloss seine Speisekammer und sein Herz, ließ ein Fässchen seiner Hausmarke aus dem Keller holen und ließ sich zur Feier des Tages voll laufen. Volltrottel.

In der Zwischenzeit war Abigail von einem Diener gewarnt worden, der wusste, dass Abigail ganz nett und außerdem ziemlich clever war. So erfuhr sie, dass David und seine ziemlich aufgebrachten Männer im Anmarsch waren. Also schaltete Abigail in den Modus »supergastfreundlich«. Hier war mehr gefragt, als nur ein paar Liter Wasser zur Suppe zu schütten. Hier musste ein richtig gutes Rezept her, wenn Nabal, seine ganze Familie und seine Diener nicht selbst im Kochtopf landen wollten! Denn David hatte geschworen, dass Nabal und alle männlichen Personen in seiner Obhut sterben würden, weil Nabal so selbstsüchtig gewesen war.

Abigail öffnete ihre Speisekammer und ihr Herz und sie schaffte genug heran, um eine ganze Armee satt zu machen. Dann wurden all die Leckereien auf eine Imbisskolonne aus Eseln geladen, die dem näher kommenden David entgegenzog. Abigail schwang sich ebenfalls auf einen Esel und versuchte, die Tragödie aufzuhalten. Stellen Sie sich die Szene einmal vor: vierhundert Männer plus Chef, bis an die Zähne bewaffnet, vor Hunger halbtot und auf mörderische Rache versessen, und auf der anderen Seite diese zierliche kleine Frau mit nichts als ihrer Gastfreundschaft.

Die Erde erzitterte unter den Hufen der Esel, als sich Davids blutrünstige Truppe näherte. Aber Abigail ließ sich davon nicht beeindrucken. Sie stieg ab und legte sich vor David auf den Boden. Und dann tat sie das Unvorstellbare: Sie übernahm die

Verantwortung für das gesamte Fiasko, das ihr Mann ausgelöst hatte. Aha. Würden wir das nicht als »Co-Abhängigkeit« bezeichnen?

Aber sehen Sie, was dann passiert: Nachdem sie erreicht hatte, dass David ihr zuhörte, konfrontierte sie ihn mit den unwiderlegbaren Fakten. Sie fragte David, warum er, der Gesalbte des Herrn, sich auf das gleiche Niveau begeben wollte wie ihr Mann, dessen Name ja schon »Dummkopf« bedeutete. Sie appellierte an Davids Sinn für Integrität und Vorsehung. Dann bot sie ihm ein Essen an, das einem zukünftigen König entsprach. Wenn es darum geht, aus den Tiefen der eigenen Seele einen kreativen Plan zu entwickeln – überlasst es einer Frau!

David hatte an ihrer Botschaft ziemlich zu kauen, und offenbar fand er Geschmack an ihren Worten. Denn Abigail hatte ihn davon abgehalten, einen herben Fehler zu machen. Dankbar nahm David ihre Gaben an und zog ohne Blutvergießen von dannen.

Abigail kehrte nach Hause zurück.

Aber Nabal war zu betrunken, um die Schwere der Situation zu begreifen. Als er ausgenüchtert war, erzählte sie ihm, was geschehen war, und sein Herz wurde zu Stein. Zehn Tage später starb Nabal.

David hörte von Nabals Tod und spürte, dass der Herr die Sache in der ihm eigenen unnachahmlichen Art erledigt hatte. David ließ Abigail zu sich bringen und heiratete sie, so dass er sich auf königliche Weise bei ihr erkenntlich zeigen konnte. Aha. Aus dem Haus eines Dummkopfs direkt in den Palast des Königs. Was für eine Karriere!

Ich finde, dass Wut immer einschüchternd ist, egal, was die Ursache dafür ist. Ich kann mir nicht vorstellen, einem bewaffneten Trupp von wütenden Männern oder auch Frauen gegenüber zu treten. Aber wenn man sich klarmacht, welche Möglichkeiten Abigail hatte, nämlich entweder auf einen betrunkenen Vollidioten einzureden oder einen wütenden, aber rechtschaffenen Mann zu überzeugen, dann war ihre Wahl ausgesprochen weise.

Mit einem gottesfürchtigen, intelligenten Menschen kann man vielleicht vernünftig reden, aber für einen Dummkopf gibt es nicht viel Hoffnung. Unsere unternehmerische Schwester Abigail war voller mutiger Gastfreundschaft und ihre Seele war eine wahre Schatzkammer an Vorräten, von denen sie in Zeiten der Not zehren konnte. Ist sie nicht wunderbar weiblich?

Gastfreundlich
oder: einladend, gesellig, warmherzig

Nehmt einander gastfreundlich auf,
ohne zu murren. (1. Petrus 4,9)

Gastfreundlich zu sein, das bedeutet Gäste willkommen zu heißen und ihnen gegenüber offen, gütig und einfühlsam zu sein.

Abigail zeigte, dass sie diese Qualitäten besaß, als sie ihren »Gästen« ihr Essen auf Rädern servierte. Und dabei war sie auch noch voller Demut und Anmut. Ihre Gastfreundschaft war eine gute Grundlage für ihre königliche Zukunft, für die sie diese wunderbar weiblichen Eigenschaften ebenso gut würde gebrauchen können wie eine volle Speisekammer.

Übrigens: Ich selbst bin schon oft in den Genuss von liebevoll improvisierten Mahlzeiten gekommen, wenn ich unterwegs war und Vorträge hielt. Das hat meine Reisen angenehmer gemacht und ich erinnere mich umso lieber an sie, wegen solcher Gastfreundschaft. Ich kann Ihnen versprechen, dass Restaurantessen bald fade wird, wenn man sich ständig auf Reisen befindet. Menüs werden dann so gewöhnlich, dass sie zu geistiger Verstopfung führen können. Deshalb bin ich so dankbar und beeindruckt, wenn jemand seine Vorratskammer für mich plündert. Zum Beispiel die Familie Frank ...

Mein Mann und ich nahmen an einer christlichen Buchmesse in Kalifornien teil. Unsere Freunde Don und Jan wohnen in der Nähe des Hotels, in dem wir übernachteten, und eines Abends luden sie uns zum Abendessen mit ihrer Familie ein.

Zur vereinbarten Zeit holte Don uns vom Hotel ab. Als wir bei ihrem Haus ankamen, wollte Don die Tür öffnen, aber sie war verschlossen. Er sah uns an, als sei er verwundert darüber, und dann klingelte er und machte einen Schritt zurück. Die Tür öffnete sich und Jan begrüßte uns sehr förmlich, in ein ungewohnt strenges Kostüm gekleidet. Mit einer einladenden Geste bat sie uns einzutreten. Wir hatten keine Ahnung, was uns erwarten würde, und so betraten wir das Wohnzimmer mit vorsichtiger Neugier. Und dann blieben wir wie angewurzelt stehen.

Der Esstisch war in Kerzenlicht getaucht. Über die Gardinen und die Möbel zog sich eine Kette winziger weißer Lichter. Die flackernden Kerzen und die leise Musik zogen uns an den Tisch. Er war mit einer Leinentischdecke gedeckt und geschmückt mit Porzellan, Silber und einer Art Pokal. Die größte Überraschung aber war nicht, dass sie ihr bestes Geschirr für uns gedeckt hatten, sondern dass sie nur für zwei Personen gedeckt hatten. Und genau vor unseren Tellern stand ein großes, eingerahmtes Hochzeitsfoto von Les und mir. Woher sie das wohl hatten?

An diesem Tag war unser 34. Hochzeitstag. Wir hatten ihn nicht vergessen, aber wegen unseres vollen Terminkalenders hatten wir nur eine Millisekunde daran gedacht. Offensichtlich hatten sich unsere Freunde mehr Gedanken zu diesem Tag gemacht als wir.

Sie baten uns, Platz zu nehmen, und dann verschwanden sie durch einen Vorhang, der den Blick in die Küche versperrte. Wenige Momente später überreichten uns ihre beiden Teenie-Töchter Heather und Kelley die Menükarten, schenkten uns etwas zu trinken ein und warteten auf unsere Bestellungen.

Draußen in der Küche war Don am Grill damit beschäftigt, unser Hauptgericht zu zaubern, während Jan sich um den Rest kümmerte. Was für ein Festessen! Was für eine unerwartete Art, verwöhnt zu werden! Was für ein wunderbares Beispiel kreativer Gastfreundschaft!

Um die Wahrheit zu sagen: Les und ich waren an diesem Tag ... na ja, wie soll ich sagen ... knatschig miteinander, als wir bei unseren Freunden ankamen. (Ja, auch nach so vielen Jahren zanken wir uns noch!) Aber als dann unser romantisches Hochzeitstags-Intermezzo beim Dessert angekommen war, saßen wir da wie zwei kichernde Frischverliebte. Beim Betrachten des Hochzeitsfotos schmolz unser Ärger dahin und zärtliche Erinnerungen an vergangene Zeiten kehrten zurück.

Wie lange ist es her, dass Sie als Einzelne oder als Familie jemandem, der sich auf dem Weg befand, Gastfreundschaft angeboten haben? Les und ich werden diesen wunderbaren Abend niemals vergessen. Und wissen Sie was? Ich glaube, auch die Franks werden es nicht vergessen. Ich habe gelernt: Je mehr ich in eine Gelegenheit investiere, desto mehr profitiere ich später davon. Und unsere Freunde haben ganz viel Liebe und Arbeit in diese Feier investiert.

Ein anderes Mal setzte mich die Organisatorin nach einer Frauenkonferenz beim Hotel ab. Sie sagte, jemand hätte ihr ein Geschenk für mich mitgegeben, und sie fügte hinzu: »Ich glaube, Sie werden es mögen.« Sie öffnete die Heckklappe ihres Kombis und mein Blick fiel auf einen schmalen, mit hübschem Stoff bezogenen Henkelkorb, der mich förmlich anflehte, ihn hochzuheben und mit nach Hause zu nehmen. Ich willigte gern ein. Ich war schon von dem äußeren Anblick meines Geschenkes so entzückt, dass ich es gar nicht abwarten konnte, und beschloss, es schon in der Hotellounge auszupacken. Der Korb war voll mit wunderbarem Tee, viele verschiedene Sorten, die nicht nur mir, sondern auch meinen Freunden, die in der Nähe saßen, begeisterte Ausrufe entlockten.

Und ich kannte die Frauen, die mir dieses Geschenk gemacht hatten, nicht einmal. Stellen Sie sich das vor! Wildfremde Menschen wollten mir ihre Grüße zukommen lassen. Und weil sie meine Vorliebe für Tee aus meinen Büchern kannten, hatten sie alles geschickt, was ich brauchen würde, um unterwegs meine Tasse Tee zu genießen: Eine gepunktete Teekanne, eine Tasse, einen Löffel, Teesorten, Buttergebäck, Champagnermarmelade und – Sie werden es nicht glauben – eine riesige weiße Rose. In dem Korb war auch eine elegante cremefarbene Velourstasche, in dem sich ein Teebeutel für die Reise befand. Ich fühlte mich wie eine Königin. Wie wunderbar ist es doch, eine Frau zu sein!

Dieses Geschenk machte mir bewusst, dass für mich gesorgt wurde, obwohl ich weit weg von zu Hause war. Und wie gut tat mir diese großzügige Gabe! Mein herzliches Dankeschön geht an die Damen von »Angelinas Teesalon«, die mir den Geist der Gastfreundschaft so einfallsreich entgegenbrachten und mich Fremde so freundlich aufnahmen. Sie sehen: Gastfreundschaft kann man auch außerhalb der eigenen vier Wände üben – lassen Sie Ihrer Kreativität freien Lauf.

Ich glaube, dass wir Gastfreundschaft nicht dem Zufall überlassen, sondern uns aktiv den Erschöpften an den Wegrändern dieser Welt zuwenden sollen. Ob wir nun jemanden an der Kasse vorlassen oder ob wir der Nachbarin einfach mal ein Stück Kuchen mitbringen – diese kleinen Dinge können Herzen verändern, wenn sie zu einem Lebensstil werden, den man uns Christinnen abspürt. Ein gastfreundlicher Geist kann nur gewinnen. Fragen Sie einfach Abigail!

Ernährend
oder: fürsorglich, mütterlich, stärkend

... dass ich es auf den Schoß nehme
wie die Amme den Säugling und es auf
meinen Armen ... trage. (aus 4. Mose 11,12)

Wir haben gerade gesehen, wie vielfältig und kreativ Gastfreundschaft sein kann. Doch es gibt eine Sache, die bei dem Wort Gastfreundschaft unweigerlich eine ziemlich große Rolle spielt (und bei den meisten von uns auch ein paar kleinere Röllchen): das Essen. Das herzliche Willkommen, die Freundlichkeit und Großzügigkeit sind wichtige Bestandteile der Gastfreundschaft, aber die Nahrung hat einen besonderen Stellenwert. Früher wurde der Mann in der Familie oft als der »Ernährer« bezeichnet, weil er meist allein das Geld für den Lebensunterhalt verdiente, aber es dürfte trotzdem kein Zweifel bestehen, wem der Schöpfer die erste Kompetenz auf dem Gebiet der Nahrung zugeteilt hat. Wie schön, dass Frauen heute wieder ganz natürlich ihre Kinder stillen und ebenso selbstbewusst geistliche Nahrung weitergeben können. Denn so wie die lieben Kleinen mehr brauchen als genügend Kalorien und Vitamine, brauchen unsere Mitmenschen mehr als ein leckeres Essen. Denn zu ernähren bedeutet auch, Wachstum und Entwicklung zu fördern, zu ermahnen, anzuleiten und zu füttern.

Man kann sagen, dass Abigail für David zu einem Zufluchtsort wurde vor seinem eigenen Zorn. Ein Versteck vor der Unfairness des Lebens, ein Schutz vor seinem mangelnden Einfühlungsvermögen. Als der reisende David sich in ihrer Weisheit zu Hause fühlte, gewann er seine Nüchternheit, seinen Anstand und sein Verantwortungsgefühl zurück.

Frauen haben oft ihre geistlichen Stärken für Männer einge-
setzt, die am Leben zu verzweifeln drohten, ihnen die »Seelennahrung« gegeben, die sie brauchten, um wieder aufzustehen. Das ist ein Beitrag, den man nicht unterschätzen sollte.
Ich möchte nicht wissen, wie die Geschichte ausgesehen
hätte, ohne den starken Einfluss der Frauen auf die Erfolge
ihrer Männer.

Als Abigail sich freundlich und offen David und seinem
Schlägertrupp näherte (1. Samuel 25,27), zeigte sie ihre gast-
freundliche Einstellung, aber sie kümmerte sich auch um die
ganz praktische Seite der Gastfreundschaft und nahm sich
ihrer knurrenden Mägen an.

Sie lehrte sie durch ihr eigenes Beispiel, was es heißt, sich
für jemanden hinzugeben, indem sie bereit war, ihr Leben für
ihre Familie und ihre Angestellten zu opfern. Sie ermutigte
David dazu, sich seiner Krone würdig zu erweisen, indem er
seine Macht mit Weitblick und Mitgefühl ausübte.

Und dann segnete diese unglaubliche Frau David. Was für
eine Seelennahrung, so zu segnen, wie eine Mutter ihre Kinder
segnet! Davon kann man lange zehren: »Wenn dich jemand
verfolgt und dich umbringen möchte, wird er dir nichts anha-
ben können, weil der Herr dein Leben bewahren wird, wie man
einen kostbaren Stein im Beutel verwahrt« (1. Samuel 25,29).

Besonders gern mag ich Luthers bildhafte Formulierung an
dieser Stelle: »... so soll das Leben meines Herrn eingebunden
sein im Bündlein der Lebendigen bei dem Herrn, deinem
Gott.« Ich erinnere mich gut daran, wie ich gelernt habe,
meine Kinder zu einem Bündel zusammenzuschnüren, um sie
vor den manchmal schlimmen Wintern im Staat Michigan zu
schützen. Ich hielt meine Kleinen dann ganz fest an mich
gedrückt und schützte und wärmte sie mit meinem Körper.
Abigail wusste, dass es Menschen gab, die David nach dem
Leben trachten würden, und dass er schon jetzt auf der Flucht
vor König Saul war, dessen Hass gegen David wie ein scharfer
Wintersturm tobte. Sie wusste, dass David es bitter nötig hatte,
in diesen Zeiten des Höhlenlebens Bestätigung zu bekommen,
dass Gott ihm nahe war, und dass er ihn sicher unter seinen

Flügel genommen hatte und ihn nahe bei seinem Herzen hielt.

Dann fuhr Abigail fort: »... aber das Leben deiner Feinde wird der Herr wegwerfen, wie man einen Stein mit der Schleuder fortschleudert« (Vers 29).

Der Segen war nicht nur nahrhaft, sondern er war auch genial. Wer kannte die Macht einer Schleuder gegen seine Feinde besser als der Riesenbezwinger David? Abigail sagte David die Wahrheit über seine Vergangenheit und über seine Zukunft in nur einem einzigen Gebet. In diesem Gebet erinnerte sie ihn an Gottes Macht, seine Vorhersehung und seinen Schutz. Was sie mit dem einen Satz sagte, war im Grunde genommen: »Genauso wie Gott Goliat zugunsten des kommenden Königreichs besiegt hatte, kann er sich um Nabal und den eifersüchtigen König Saul kümmern.« Wer wollte da die stärkende Wirkung gut platzierter Worte bestreiten?

Und hier ist Davids Antwort auf Abigail: »Gepriesen sei der Herr, der Gott Israels, dass er dich in diesem Augenblick mir entgegengeschickt hat. Und gepriesen sei deine Klugheit! Gesegnet sollst du sein, weil du mich davor bewahrt hast, eigenmächtig Rache zu nehmen und Blutschuld auf mich zu laden« (Verse 32-33). David erkannte, welcher Segen ihm daraus erwachsen war, dass Abigail ihn auf der Straße mit ihrer mütterlichen Anwesenheit aufgehalten hatte.

Ich bin überzeugt, dass die Sehnsucht, sich auf liebevolle und weise Art in das Leben anderer zu investieren, ein genetischer Bestandteil der weiblichen Zelle ist. Wir nähren und versorgen ganz instinktiv – mögen wir als Frauen genauso erlesen reden und handeln wie unsere Schwester Abigail.

Offensichtlich betete sie, bevor sie losging, und sie dachte nach, bevor sie redete. Sie war so großzügig mit ihrem Leben, dass sie sogar bereit war, es für andere herzugeben, und sie war weise genug, anderen die Wahrheit ins Gesicht zu sagen, wenn die Situation es verlangte. Und doch waren ihre wirkungsvollen Worte von Barmherzigkeit und Sanftheit begleitet. Sie übernahm schnell Verantwortung und genauso schnell war sie bereit, andere zu segnen. Abigail ist eine wahre Heldin des Glaubens.

Zugänglich
oder: aufgeschlossen, umgänglich, ansprechbar, zuvorkommend, offen

*Liebt einander von Herzen als Brüder und
Schwestern, und ehrt euch gegenseitig
in zuvorkommender Weise. (Römer 12,10)*

Denke ich an die oben genannten Wörter, dann erinnern sie
mich zuerst an das Wesen Christi. Ich kann mich nicht daran
erinnern, dass er jemandem die kalte Schulter gezeigt oder
nicht an sich herangelassen hätte.

Es gibt zwar ein paar Situationen, in denen er Ärger ver-
mied, und manchmal wählte er auch die Einsamkeit. Aber in
der Regel konnten die Menschen ungehindert zu ihm kommen. Einige machten sich ganz schnell vom Acker, weil sie die
Wahrheit nicht hören wollten, aber sie alle hatten Zugang zu
ihm. Und das war schon eine besondere Gästeliste:

Pharisäer – religiöse Anführer, ebenso berechnend
    wie selbstverliebt
Steuereintreiber – mit dem Ruf notorischer Betrüger
Prostituierte – Frauen, gefangen in ihrer Sünde
Leprakranke – von der Gesellschaft verabscheut
Von Dämonen Besessene – Ausrangierte der
    Gemeinschaft
Die Verzweifelten – Menschen mit ihren ganz
    individuellen Geschichten

Ich muss zugeben: Wenn ein Aussätziger, eine Prostituierte
und ein Geistesgestörter auf mich zukämen, würde ich mich
ganz schnell hinter den nächsten Würstchenstand ducken, bis

sie vorbei sind. Ich sage nicht, dass das richtig ist; ich bekenne vielmehr meine Feigheit und meine Fehler.

Vielleicht kennen Sie das Gefühl: Es ist nicht so, dass wir kein Mitleid mit diesen Menschen hätten, aber oft fühlen wir uns einfach überfordert, ihnen befreiende Lösungen für ihre furchtbaren Probleme anzubieten.

Aber Moment mal: Müssen wir denn auf alle Fragen die Antworten wissen, wenn wir zugänglich sein wollen? Wohl kaum. Menschen, die auf alle Fragen eine Antwort wissen, gehen den meisten Leuten schnell auf die Nerven. Was brauchen wir also, um zugänglich zu sein? Hier ein paar Vorschläge:

* Die Bereitschaft, die Menschen so zu akzeptieren, wie sie sind ... bis sie den nächsten Schritt tun können. Eine solche Bereitschaft entsteht normalerweise mit dem persönlichen geistlichen Wachstum und aus der Erkenntnis, dass wir alle einen Sprung in der Schüssel haben und keineswegs vollkommene Gefäße für Gottes Geist sind. Aber Gott ist nicht parteiisch – er gibt jedem von seinem Reichtum.

Abigail hatte bei ihren Bediensteten offenbar den Ruf, umgänglich zu sein. Sie war keine Chefin, die ihre Machtposition ausnutzte. Bedienstete, Schlägertypen und Könige erhielten alle die gleiche Zuwendung von ihr, sie gab allen reichlich aus tiefster Seele.

* Die Bereitschaft zuzuhören – eine Frau zu sein, die mit dem Herzen hört und antwortet, wenn sie gefragt wird. Das ist eine echte Herausforderung für mich, weil mir die Antworten oft schon entschlüpfen, bevor ich wirklich bis zum Ende zugehört habe. Diese Neigung führt dazu, dass ich Vermutungen und vorgefasste Meinungen anhäufe und eine generelle Verteidigungshaltung einnehme. Und das kann tödlich sein für mein persönliches Wachstum, aber auch für meine Beziehungen.

Abigail hätte eingeschnappt sein können, als der Diener sagt, ihr Mann sei »ja so boshaft und eigensinnig, dass er nicht mit sich reden lässt« (1. Samuel 25,17b). Aber sie wusste, dass ihr Diener Recht hatte, und wenn sie abgeblockt hätte, wären die

Menschen, die Nabal durch seine Hartherzigkeit in Gefahr gebracht hatte, nicht gerettet worden. Stattdessen ließ sie die Worte des Dieners in ihrem Herzen wirken und antwortete mit Großzügigkeit auf Davids Zorn.

• Die Bereitschaft, an das Beste zu glauben – nicht unbedingt das Beste im Menschen, aber das Beste Gottes, der in unserem Leben handelt, egal wie hoffnungslos verheddert der Knoten auch scheinen mag. Die Bibel sagt uns, dass das Herz des Menschen furchtbar schlecht ist, aber Gottes Plan ist es, uns eine Zukunft und eine Hoffnung zu geben. Als zugängliche Frauen können wir dazu beitragen, dass andere das Beste sehen, das Gott ihnen geben will.

Abigail erinnerte David an die Zukunft, die Gott für ihn bereithielt: »Gewiss wird der Herr deine königliche Familie nie aussterben lassen, denn du kämpfst gegen die Feinde Gottes. Er bewahre dich dein Leben lang vor großen Fehlern« (1. Samuel 25,28). Es hilft uns, unsere eigene Messlatte höher zu legen, wenn wir einen Blick auf seinen großen Plan werfen können, oder?

Wenn Jesus die Leute und ihre Probleme an sich heranließ, waren die Menschen anschließend neu, ganz, geheilt, ernst genommen, angeleitet und froh. Wie sind die Menschen, wenn sie Sie getroffen haben?

Gesellig
oder: sozial, herzlich, liebenswert

Zwei sind allemal besser dran als einer allein.
Wenn zwei zusammenarbeiten, bringen sie es eher
zu etwas. Aber wer allein geht und hinfällt, ist übel dran,
weil niemand ihm helfen kann. (Prediger 4,9-10)

Irgendwo in einem Hinterstübchen meines Schädels habe ich immer angenommen, dass »gesellig« etwas mit »lebhaft« oder »fröhlich« zu tun hat, also in erster Linie auf extravertierte, überschwängliche Typen zutrifft. Aber im Grunde bedeutet es nur, dass man die Nähe anderer Menschen sucht, ein soziales Wesen, also quasi ein Herdentier ist, das auf Beziehungen angewiesen ist.

Natürlich hilft es, eine Frohnatur zu sein, wenn man mit anderen in Kontakt treten und zu einer Gruppe dazugehören will. Die meisten Menschen sind am liebsten mit angenehmen, freundlichen und pflegeleichten Zeitgenossen zusammen. Ich meine nicht die zuckersüßen Heiligen, von denen einem schlecht werden kann, sondern solche, deren Wesen sich am Geist Gottes festmacht. Um solche Leute scharen sich die Menschen, weil sie hoffen, dass ihre gewinnende Art auf sie abfärbt.

Wie die meisten Frauen liebe auch ich herdenartige Ansammlungen. Ich komme aus einer eher kleinen Herde. Meine Eltern hatten innerhalb von 22 Jahren drei Lämmlein. Mein Bruder, meine Schwester und ich wuchsen alle wie Einzelkinder auf. Manchem mag das wie ein Vorteil erscheinen, aber ich hätte so gerne jemanden gehabt, mit dem ich jeden Tag spielen und herumtoben konnte. Deshalb war ich ein großer Fan von Gruppen, Clubs, Teams und großen Familien anderer Kinder. Selbst den Gruppenzwang einer verschworenen Clique mochte ich, weil mir das ein Gefühl der Zugehörigkeit vermittelte. Sie können sich vorstellen, wie aufregend es für mich war, als ich mein Leben Jesus übergab: Jetzt war ich Teil einer riesigen Herde! Ich fand mich in einer engen Gemeinschaft wieder, wo wir zusammenhielten und auf den Hirten hörten.

In den Jahren danach hat der Herr seine Herde oft gebraucht, um mich zu stärken, zu trösten und sogar zu schützen. Aber es gab Zeiten, in denen andere Schäflein meine Wolle so gegen den Strich gebürstet haben, dass ich am liebsten die Herdenversammlungen boykottiert hätte. Nicht den Hirten, wohlgemerkt, aber ein paar Schafe weniger im Stall hätten mir nichts ausgemacht. Was bin ich froh, dass der Hirte nicht mir die Entscheidung überlassen hat, wer aufgenommen wurde. Ich hätte einige den Fängen des Wolfes ausgesetzt, aber genau diese Schafe waren am Ende wichtig für das Wachstum der ganzen Herde.

Es gab auch Zeiten, in denen ich ganz sicher hingefallen wäre, hätten sich nicht andere Schafe stützend an mich gelehnt. Und dann gab es Zeiten, in denen ich einfach losgelaufen bin und mich verletzt habe, aber der Hirte brachte mich wieder auf den richtigen Weg und seine Schafe standen wieder bei mir und wir grasten gemeinsam. Es ist ungeheuer spannend, mit denen auf einer Weide zu sein, die hungrig sind nach Gottes Wort. Ich habe eine ganze Reihe geselliger Freunde, und wenn wir gemeinsam wiederkäuen und grübeln, dann stärkt das uns alle.

Zur Taktik des Wolfes gehört es, ein Schaf zu isolieren und es davon zu überzeugen, dass es allein und hoffnungslos im dornigen Dickicht gefangen ist. Aber in Wahrheit ist jedes Schaf schon einmal allein davongewandert, und der Hirte war immer in der Nähe. Er ist immer bereit alles zu riskieren, um dieses Schaf wieder zu finden.

Abigail war eine gesellige Hirtin. Sie sorgte sich um ihre Herde (ihre Bediensteten), die ihr unterstellt war, und sie begab sich sogar in Lebensgefahr (wie ein Schaf, das geschlachtet werden soll), wenn es galt, ihre Herde vor den reißenden Wölfen zu schützen, die sie sonst verschlungen hätten. Die Hirtin Abigail war aber auch wie ein Schaf, das die Führung eines Hirten dringend nötig hatte, denn es schien, als sei sie in ihrer verheerenden Lage ganz allein. Aber der gute Hirte rettete sie, indem er ihre Feinde in Freunde verwandelte, den Narr zu Stein und die Weide in einen Palast. Er ist immer nahe.

Abigail sah, wie fertig ihre Freunde waren, und ihr Herz sorgte sich um sie. Sie kniete sich hin, um sie aufzurichten. Manchmal, wenn unsere Familie und unsere Freunde im Dornengestrüpp gefangen sind, ist es am besten, vor dem König auf die Knie zu fallen, wenn schon nicht aufs Gesicht. Unser König ist auch unser Hirte, und diese Wahrheit tröstet mich kleines Lamm. Und wie ist es mit Ihnen?

Teamfähig
oder: kooperierend, harmonisch, hilfsbereit, tatkräftig

Dann macht mich vollends glücklich und habt alle
dieselbe Gesinnung, dieselbe Liebe und Eintracht!
Verfolgt alle dasselbe Ziel! (Philipper 2,2)

Wenn wir in Abigails Speisekammer gelugt hätten, als sie ihren Dienern Anweisungen für die Zubereitung des Friedensmahls gab, das sie David und seinen Männern bringen wollte – ob wir da neben ganz menschlicher Furcht wohl auch so etwas wie eine göttliche Begeisterung gesehen hätten? Wenn ich mir Abigail so ansehe, dann glaube ich, dass sie den Herrn und seine Wege sehr gut kannte.

Man handelt nicht plötzlich so mutig oder spricht auf einmal so weise Worte, ohne dass man gelernt hat, im Glauben auf Gottes Ruf zu antworten. Obwohl ihr wahrscheinlich das Herz bis zum Halse geklopft hat, glaube ich, dass vor ihrem geistigen Auge alle die Situationen abliefen, in denen der Herr sie beschützt und für sie gesorgt hatte. Schließlich kann man nicht mit einem hartherzigen Dummkopf verheiratet sein, ohne ständig auf Gottes Hilfe angewiesen zu sein.

Im Ernst: Ich bin davon überzeugt, dass Abigail sich gerade in diesem entscheidenden, lebensgefährlichen Augenblick an die starke und liebevolle Hand Gottes über ihrem Leben erinnerte. Und ich glaube, sie war bereit mit ihm zusammenzuarbeiten – auch wenn das bedeutete, sich in Feindesland zu begeben. Ich glaube, sonst hätte sie nie die Zuversicht und die Ausstrahlung gehabt, die sie so offensichtlich umgaben.

Überlegen Sie mal, was für ein Vorrecht das ist, dass wir in einem Team mit dem Schöpfer dieser Welt zusammenarbeiten können! Mit ihm, der Sonne und Mond, die Sterne und Planeten, Galaxien, Jahreszeiten, Flut und das Wetter gemacht hat, die alle zusammenpassen und mit seinen Plänen übereinstimmen. So wie es das Lied beschreibt: »Er hält die ganze Welt in seiner Hand.« Das verschlägt mir fast die Sprache!

Als Mütter sind wir ganz besonders beeindruckt, denn wir wissen, wie schwierig es schon ist, alle Mitglieder unserer Familie an einem Sonntagmorgen so gut zu koordinieren, dass wir rechtzeitig zum Gottesdienst kommen – geschweige denn, ihre Mitarbeit bei diesem Projekt zu erreichen. Ich kann noch nicht einmal passende Socken oder eine Strumpfhose ohne Laufmasche finden, und währenddessen hält er mal eben ganz sicher die Zukunft der Menschheit in seinen Händen.

Natürlich erscheint es uns sinnvoll und erstrebenswert, mit Gott zusammenzuarbeiten, keine Frage. So lange, bis er uns um etwas bittet, was nach unseren irdischen Maßstäben nicht den geringsten Sinn ergibt. Gut, er hat uns beizeiten gewarnt, dass seine Wege nicht unsere Wege sind (Jesaja 55,8). Aber trotzdem wollen wir, dass er nachvollziehbare, vernünftige Dinge von uns verlangt. Wir würden unser Sicherheitsbedürfnis durch die Vernunft befriedigen, wenn er uns ließe.

Ich weiß nicht, wie oft ich im Leben schon gesagt habe: »Wie gut, dass seine Wege so anders sind als meine Wege, denn *ich* hätte die Sache verbockt.« Natürlich sage ich das im Nachhinein, wenn ich bereits schlauer bin und seine Wege sich als absolut sinnvoll herausgestellt haben. Aber mitten im Trubel, wenn ich kurzsichtig bin, ich einen Knoten im Magen habe und mein Herz wie wild hämmert: »Ich bin die geborene Verliererin, es ist doch alles umsonst!«, finde ich es ganz schön schwierig, mich mit Gottes geheimnisvollen Plänen einfach so anzufreunden.

Deshalb bewundere ich Abigail so. Die Bibel sagt, dass Abigail, als sie davon hörte, in welchen Schwierigkeiten sie und ihre Leute waren, »so schnell wie möglich« die nötigen Vorkehrungen traf. Keine Rede davon, dass sie streikte oder auch nur zögerte. Kein »Warum ich?«-Gejammer. Keine Diskussion darüber, wie unvernünftig es für eine unbewaffnete, einzelne

Frau ist, sich einem ganzen Bataillon bewaffneter Soldaten entgegenzustellen. Nein, stattdessen sehen wir Teamgeist, die Bereitschaft, das zu tun, was getan werden muss. Und das Ergebnis – das wundersame, atemberaubende Ergebnis – war, dass ihre Feinde zu Freunden wurden, ihre Bediensteten bewahrt blieben und ihre eigene Zukunft sich klärte. Mein Herz lacht, wenn ich an den Ausgang dieser Geschichte denke.

Und es erinnert mich daran, wie ich meine eigene Mutter mit achtzig Jahren und einem kleinen Koffer ein Flugzeug besteigen sah, um bei meiner Schwester und ihrer Familie in Florida ein neues Leben zu beginnen. Ich fand sie unglaublich mutig, so weit zu fliegen und nur so wenig mitzunehmen. Aber meine Mutter hat mit dem Schöpfer dieser Welt schon eine lange Geschichte, und sie hat gelernt, ihm zu vertrauen und mit ihm zusammenzuarbeiten.

Was brauche ich, um eine Frau zu werden, deren Seele mit dem Erlöser in einer so engen Beziehung steht und die deshalb ebenso mutig sein kann wie Abigail oder meine Mutter? Ich sage Ihnen, was wir dafür brauchen: eine Speisekammer voller Teamgeist und einen Koffer voller Vertrauen.

Abigail hatte im Alltag ihres Lebens das Mitarbeiten gelernt und diese Erfahrungen dann in Regalen verstaut, die sie gut erreichen konnte. Als die Krise ausbrach, zögerte sie nicht, sondern stürzte sich sofort ins Getümmel mit allem, was sie brauchte. Meine Mutter ließ die Sicherheit all dessen, was sie bisher kannte, hinter sich, um dem Unbekannten zu begegnen, und sie tat es völlig unbelastet.

Wenn ich sehe, dass Abigail nichts als Nahrung mitnahm und meine Mutter nur einen kleinen Koffer, dann frage ich mich, ob ich nicht besser dran wäre, wenn ich weniger zu tragen hätte und dafür mehr mitarbeiten würde. Denn ein bisschen göttliche Begeisterung könnte ich in meinem Leben gut gebrauchen!

Eine gut gefüllte Vorratskammer: Ein Gebet

Herr, wir wissen, es war für Abigail bestimmt nicht einfach, mit einem dickköpfigen, hartherzigen Nabal zu leben und zu schlafen. Was für eine Art und Weise, Gastfreundschaft zu lernen! Sicher wurde sie oft durch seine bissige Art verletzt, war peinlich berührt durch seinen Geiz oder fürchtete seine Wut.

Aber du, Herr, hast sie gerettet, als wärest du auf einem prächtigen Schimmel in ihr Leben geritten gekommen und hättest sie in Sicherheit gebracht. Nur hast du es zu deiner Zeit getan und auf deine Art anstatt auf unsere.

Herr, du hast eine verwundete Frau in eine tapfere Kriegerin verwandelt.

Und deshalb überrascht es mich auch nicht, dass du statt einer ganzen Armee nur eine einzelne Frau wie Abigail gegen David ins Feld geführt hast. Sie kam nicht auf einem weißen Hengst geritten, sondern auf einem bescheidenen Esel. Statt Erklärungen zu liefern, gab sie ein Vorbild ab. Und du, Herr, hast das Herz eines rachsüchtigen Soldaten in das eines ehrenhaften Königs verwandelt.

Herr, manchmal hören wir die donnernden Hufschläge unserer Feinde (unserer Pläne, unserer Mitarbeiter, unserer Finanzen usw.) auf uns zustürmen. Mach unsere Seelen gastfreundlich, so dass unsere Speisekammern mit deiner Weisheit gefüllt sind und wir anderen voller Wahrheit und Freundlichkeit begegnen.

Und, Herr, wir wollen so schnell wie möglich mit dir zusammenarbeiten, indem wir uns in deine wundersam königlichen Pläne hineinpassen.

Als Frauen bitten wir dich um die herzerfrischenden Eigenschaften Abigails, denn manchmal benehmen wir uns leider eher so wie der dickköpfige Nabal, der die Wahrheit nicht hören wollte und der sich nicht ändern wollte. Schütze unsere Herzen vor der Verhärtung, indem du regelmäßig in unser Leben kommst. Wir wollen unsere Herzenstüren öffnen und dich willkommen heißen. Nähre uns durch deinen Heiligen Geist und sei uns nah. Denn die Nähe zu dir macht uns bereit, anderen nah zu sein – sogar unseren Feinden, aber besonders deiner Herde. Amen.

Die
Augen
einer Frau

Glaubenswege: Rut

Am besten, man nimmt eine Lupe zur Hand, wenn man das Buch Rut liest, denn die Einzelheiten dieser faszinierenden Geschichte sind so wunderbar, dass man sie auf keinen Fall verpassen sollte. Irgendjemand hat Rut einmal mit einer Perle verglichen, die vor einer schwarzen Wandbespannung ausgestellt wird. Die Zeiten damals waren, geistlich gesprochen, ziemlich trostlos. Tja, genau wie heutzutage. Aber trotz der zunehmenden Korruption in ihrem Land lebte Rut so, dass man sie nur bewundern kann. Da ich selbst gerne mit dem Strom schwimme, faszinieren mich Menschen, die gegen den Strom der Gesellschaft schwimmen, um ein rechtschaffenes Leben zu führen. In den folgenden Abschnitten dieses Buches möchte ich für mich selbst herausfinden, wie diese Frau es schaffte, trotz verheerender Verluste und schmerzhafter Veränderungen ihren Glauben zu leben.

Viele Ereignisse im Leben von Rut, so auch ihr beispielhaftes Verhalten gegenüber ihrer Schwiegermutter Noomi und dem Großgrundbesitzer Boas, zeugen von ihrer inneren Demut und Integrität. Der Herr führte Rut so, dass sie Trost, Lösungen für ihre Probleme und ein schützendes Zuhause fand. Aber eins finde ich besonders spannend, wenn ich an Rut denke: Sie stammte aus einer gottlosen Gesellschaft. Der Glaube an den einen wahren Gott war ihr nicht mit der Muttermilch eingeflößt worden.

Wir wissen nicht, was sie bewegte, den Wegen Jahwes zu folgen. Vielleicht war die Heirat mit Noomis Sohn der Auslöser, denn von da an war sie dem geistlichen Leben der Familie ausgesetzt und wurde näher zu dem Gott Israels hingezogen. Ist es nicht erstaunlich und großartig, dass ein Neuling im Glauben sich so der Führung Gottes öffnen kann?

Wir hören ihr unglaubliches Glaubensbekenntnis, als sie ihr Leben dem Gott Noomis anvertraut. Aus Ruts Worten leuchtet die Verheißung des Bundes wie eine Perlenkette hervor:

> »Dränge mich nicht, dich auch zu verlassen. Ich gehe nicht weg von dir! Wohin du gehst, dorthin gehe ich auch; wo du bleibst, da bleibe ich auch. Dein Volk ist mein Volk, und dein Gott ist mein Gott. Wo du stirbst, will ich auch sterben, und dort will ich begraben werden. Der Zorn des Herrn soll mich treffen, wenn ich nicht Wort halte: Nur der Tod kann mich von dir trennen!«
> (Ruth 1,16-17)

Wenn Sie das nicht umwerfend finden, schlage ich vor, Sie nehmen Ihre Lupe zur Hand und werfen noch einen genaueren Blick darauf – oder kaufen sich eine neue Brille. Hier geht es um eine neu bekehrte, vor kurzem verwitwete junge Frau, die gerade alles hinter sich gelassen hat, was ihr bisheriges Leben ausgemacht hat, um ihrer Schwiegermutter und ihrem Gott in unbekannte Gefilde zu folgen. Rut lässt die frische Grabstelle ihres Ehemannes, ihre Familie, ihre Freunde, ihre Kultur und ihre Heimat zurück, um ihr Leben dem Dienste Naëmis zu widmen.

Der Gedanke daran, dass Noomi Rut verlassen könnte, füllte Ruts Herz mit solcher Angst, dass sie zweimal auf der Straße nach Betlehem ihre Stimme erhob und weinte, während sie ihre Schwiegermutter bat, ihr folgen zu dürfen. Haben Sie jemals verzweifelt geschrien und geweint, weil ein Mensch Sie verlassen hat? Oder hat irgendjemand das bei ihrem Abschied schon einmal getan? Können Sie sich diese anhängliche, heulende Frau vorstellen, wie sie Sie bittet, Ihnen nach Hause folgen zu dürfen? Wie würden Sie sich fühlen? Verängstigt? Durcheinander? Geliebt?

Noomi gab schließlich nach und erlaubte Rut, mit ihr in ihre Heimat zurückzukehren. Anfangs hatte diese Schwiegertochter relativ wenig Einfluss auf ihre schwermütige Schwiegermutter, die sich vorkam, als hätte der Schöpfer seine Hand gegen sie erhoben. Aber das änderte sich, als Noomi Gottes fürsorgliche Liebe in Ruts Leben selbst miterlebte. Noomi konnte nicht wissen, was der Herr mit ihr vorhatte oder was er ihr geben würde, um die Leere in ihrem Herzen zu füllen.

Nur sehr selten erlaubt uns Gott, einen winzigen Blick in unsere Zukunft zu werfen. Ja, er gibt uns wunderbare Verheißungen, aber die Einzelheiten seines Plans kennen wir nicht. Wie gerne hätte ich ein geistliches Fernglas, um sehen zu können, was auf mich zukommt!

Aber wäre das wirklich eine gute Idee? Wenn ich an Noomis Leben denke, dann war das Ende zwar toll, aber der Mittelteil war entsetzlich. Wenn ich sie gewesen wäre und hätte durch dieses Fernglas gesehen, dass ich meinen Ehemann und meine Söhne verlieren würde, dann hätte ich sicher nicht die Kraft gehabt, darauf zuzugehen.

Nein, vergessen wir das Fernglas lieber wieder. Ich bleibe bei einem Leben im Glauben, bei dem ich einen Fuß vor den anderen setze und dem Herrn vertraue, dass er mich durchbringt, egal was kommen mag. Er »sieht« so viel besser als ich, denn er ist der Anfang und das Ende. Ich bin dankbar dafür, dass all unsere Anfänge und Enden, unser Eingang und Ausgang, all unsere Verluste und Siege, in seiner fürsorglichen und allmächtigen Hand liegen.

Rut, dieses Juwel von einer Frau, scheint irgendwie die allumfassende Fürsorge Gottes für ihre Zukunft begriffen zu haben. Mit Freundlichkeit und Mitgefühl als Schmuck machte sie sich daran, ihr Leben zu verschenken – wohlgemerkt, nicht leichtfertig, sondern weise, so wie Gott ihre Schritte lenkte. Wir werden noch sehen, wie fruchtbringend Ruts Leben war, über ihre eigenen Fähigkeiten und ganz sicher auch über ihre Träume hinaus.

Sensibel
oder: einfühlsam, mitfühlend, empfänglich

Als sie [die drei Freunde] von all dem Unglück hörten,
das Hiob getroffen hatte, beschlossen sie, ihn zu besuchen.
Sie wollten ihm ihr Mitgefühl zeigen
und ihn trösten. (Hiob 2,11)

Wie bei allen guten Eigenschaften hat auch die Sensibilität ihre negativen Seiten. Wenn Sie eine Stärke übertreiben, kann sie sich zu Ihrem schlimmsten Albtraum auswachsen (oder der Ihrer Mitmenschen). Wir alle kennen solche Sensibelchen – Sie wissen schon, Leute, bei denen man jedes Wort auf die Goldwaage legen muss, damit sie nicht in Tränen ausbrechen.

Na gut, ich gebe zu, dass ich manchmal selbst zu diesen Leuten gehöre. Einerseits habe ich nah am Wasser gebaut, andererseits kann ich gelegentlich auch einen Sturm im Wasserglas verursachen. Und wenn ich richtig in Fahrt komme, gibt es auch schon mal eine kalte Dusche. Ich weiß nicht, wie Sie sich gegen seelische Überschwemmungen schützen, aber mein Selbstschutz besteht darin, dass ich entweder sarkastisch werde oder auf Distanz gehe. Beide Verhaltensweisen sind nicht sehr anziehend oder wirkungsvoll. Das heißt, eine Wirkung haben sie schon, nämlich dass so manches meiner Opfer wie ein begossener Pudel dasteht.

Wenn ich überlege, wie Rut sich verhält, höre ich keinen Sarkasmus, und ich kann auch nicht feststellen, dass sie sich zurückzieht. Stattdessen zeugt ihre Rede von Leidenschaft und Nachdenklichkeit. Ich beobachte durch meine Lupe, wie Rut erst Noomi und dann Boas nahe kommt. Als Rut Noomi bittet, ihr folgen zu dürfen, sagt ihre Schwiegermutter zu ihr, sie solle zu ihren eigenen Göttern nach Hause gehen, wie Ruts Schwägerin es getan hatte. Noomi hatte offensichtlich keine besondere Begabung zur Missionarin.

Rut hätte auf die Worte Noomis auch beleidigt reagieren können. Sie hätte auf dem Absatz ihrer Sandalen kehrtmachen und Noomi einfach dort im Straßenstaub stehen lassen können. Wie schade wäre das für beide gewesen! Stattdessen klammert sich Rut geradezu an Noomi, ihre geliebte, aber verbitterte Schwiegermutter, bis diese ihrer Bitte zustimmt.

Das ist doch eine tolle Vorstellung: stark und sensibel genug zu sein, verletzende Worte an sich abperlen zu lassen und am Leben festzuhalten. Im vorliegenden Fall: Achten Sie einmal darauf, wie Noomi zusammen mit Rut in Betlehem ankommt. Als die Stadtleute auf sie zukommen, um sie zu begrüßen, sagt Noomi: »Mit meinem Mann und mit zwei Söhnen bin ich von hier weggezogen; arm und ohne Beschützer lässt der Herr mich heimkehren« (Rut 1,21a).

Entschuldigung, Noomi, aber wie war das doch gleich mit Rut? Zählt sie gar nicht? Ich empfinde einen solchen Satz als Beleidigung, aber es gibt keinen Hinweis darauf, dass Rut die Bemerkung persönlich genommen hat. Ich glaube, Rut sah in den Worten ihrer Schwiegermutter die Worte einer Frau, deren Geist niedergedrückt war. Rut sah durch die Worte ihrer Schwiegermutter hindurch in Noomis Herz und verstand die Bemerkung als Aussage über Noomi und nicht gegen sich selbst.

Wie ein Mensch auf Druck reagiert, kann man an einem Raumspray veranschaulichen. Das Etikett sagt mir, welche blumigen Düfte sich darin verbergen, aber daneben prangen in großen Buchstaben die Worte: »Vorsicht! Behälter steht unter Druck!« Auf der Rückseite finden sich weitere Warnungen gegen Erwärmung oder unsachgemäße Entsorgung des Behälters.

Gott möchte, dass sein »Wohlgeruch« durch uns in die Welt kommt, aber wir bauen oft einen solchen Druck in uns auf, dass wir jeden Moment explodieren könnten. Wenn wir verletzt sind, heizen wir unseren Ärger noch an und lassen zu, dass aus Unstimmigkeiten Auseinandersetzungen werden. Und anstatt als Zerstäuber genau die richtige Wirkung auf unsere Mitmenschen zu haben, spucken wir (auch als Sarkasmus bekannt) und brodeln vor uns hin (d.h. wir gehen auf Distanz).

Die Bibel ermahnt uns, dass wir Leute sein sollen, »die durch beharrliche Übung ihr Wahrnehmungsvermögen geschärft haben, um Gut und Böse zu unterscheiden« (Hebräer 5,14). Dieses Wort Gottes in uns aufzunehmen, ist die Voraussetzung für eine gesunde Sensibilität, und die ermöglicht uns, den süßen Duft Jesu zu verströmen.

Obwohl Rut ganz erheblich unter Druck stand – eine junge Witwe, die alles Vertraute hinter sich gelassen hatte –, bewahrte sie sich ihr ruhiges Auftreten und ihre sanfte Art. Ich sehe es so: Rut hatte ein solches Gespür für ihre äußere Umgebung, weil sie in ihrem Innern darauf vertraute, dass Gott ihr den nächsten Schritt zeigen würde. Ich würde das Leben gerne mit Ruts Augen sehen: voller Einfühlungsvermögen anderen gegenüber und ohne das ständige Kreisen um meine eigene Person.

Weich

oder: sanft, anpassungsfähig, nachgiebig

*Meine Tochter, ich möchte, dass du wieder einen Mann
und eine Heimat bekommst. (Rut 3,1)*

Menschen, die ein weiches Herz haben, werden oft ein bisschen herablassend als Softies bezeichnet (nicht zu verwechseln mit den viel zitierten Weicheiern, die wohl mehr ihr eigenes Wohl als das ihrer Mitmenschen im Blick haben). Mein Vater war so ein Softie. Als Kind wusste ich, dass ich nur zu ihm zu gehen brauchte, wenn ich etwas Geld wollte. Ich meine nicht richtig viel Geld, sondern genug, um mir ein Comicheft, Kaugummis oder eine Dose Cola zu kaufen. Aber wenn ich eine Schulter brauchte, um mich auszuweinen, dann ging ich lieber zu meiner Mutter. Nicht, dass mein Vater eine harte Schulter gehabt hätte, aber ihn machte meine Heulerei ganz verrückt; meine Mutter ließ mich einfach in Ruhe heulen.

Meine Mutter war und ist aber auch eine Art Softie. Sie hat nämlich eine besondere Vorliebe für weiche Dinge. Ich erinnere mich daran, dass sie Kopfkissen aufschüttelte, die Haustiere versorgte, Babys in den Schlaf wiegte, Kindern über das Haar streichelte, Sorgenfalten glättete und Menschen mit gebrochenem Herzen in den Arm nahm, wie es ein Engel tun würde. Meine Mutter verbirgt unter ihrer rauen Schale einen weichen Kern. Ich habe immer wieder gesehen, wie sie mit anderen weinte, die gerade Schreckliches durchmachten. Weil meine Mutter so oft weinte, zogen wir sie damit auf, dass wir sie als Profi-Klageweib engagieren wollten. Heute glaube ich, dass Mutters Tränen dazu beitrugen, die Wogen unseres Familienlebens zu glätten.

Ich frage mich, ob Ruts Tränen der erste Akt im Plan Gottes waren, das Leben der in Trauer gefangenen Naëmi zu heilen. Noomis Name bedeutet »lieblich«, aber nach dem Tod ihres Ehemanns Elimelech und ihrer Söhne Machlon und Kiljon gab sie sich selbst einen neuen Namen: Mara. Das bedeutet »bitter«. Es ist leicht nachzuvollziehen, warum eine Frau, die ihren Ehemann und ihre Söhne begraben musste, verbittert war. Aber wir können uns auch denken, dass Noomis Seele verdorrt wäre und sie andere zum Verwelken gebracht hätte, wäre sie so verbittert geblieben. Noomi wandelte sich von einem freundlichen Wesen hin zu einem erbarmungswürdigen Menschen, der sich von anderen distanzierte und dessen Seele hohl und leer ist. Es war wie bei einer Münze, die bis auf den Grund eines ausgetrockneten Brunnens fällt. Nichts macht uns einsamer, als das Echo unserer eigenen bitteren Worte von den Wänden unseres persönlichen Schmerzes widerhallen zu hören.

Das Wort »weich« bedeutet »leicht formbar, biegsam, nicht hart«. Wie Ton auf einer Töpferscheibe. Diesen Prozess machten offenbar sowohl Naëmi als auch Rut durch, als sie Moab verließen und nach Betlehem aufbrachten: Sie wurden neu geformt zu Gefäßen, die dem Töpfer gefielen. Durch den Druck seiner formenden Hände wischte er Unreinheiten wie Bitterkeit und Enttäuschung weg, bildete ihren Charakter aus und gab ihnen eine neue Zukunft.

Als Noomi nach Betlehem reiste, befand sie sich auf dem richtigen Weg. Sie verließ die Sinnlosigkeit (ihre Verluste) ihres Lebens und schritt auf eine neue Zukunft zu (Gottes weiterer Plan für ihr Leben). Nach und nach heilte Maras Herz, weil Gott ihm die Bitterkeit nahm und es stattdessen mit seiner Güte füllte.

Ich habe Frauen kennen gelernt, die durch das Schwere in ihrem Leben hart geworden sind, während andere, wie Rut, weich werden – nicht im Sinne von »schwach«, sondern sanft, mitleidend und fähig, anderen freundlich zu begegnen.

Es ist leicht, in dieser schnellen und manchmal hartherzigen Welt den Bezug zur weichen Seite unserer Weiblichkeit zu verlieren. Wir begnügen uns mit dem Groben und bemühen uns gar nicht mehr, uns um die feinen, weichen und verspielten Details zu kümmern – sei es ein romantisch gedeckter Tisch zum Abendessen, ein spitzenbesetztes Taschentuch für tränenreiche Augenblicke oder ein mitfühlendes Wort für ein gebrochenes Herz.

Rut, eine starke und dabei doch so weiche Frau, widmete sich den Bedürfnissen ihrer trauernden Schwiegermutter. In Noomis Schmerz war sie stützend und schützend für ihre Schwiegermutter da, als diese ihre Hilfe am meisten brauchte.

Diese sanfte Art zu bewahren, schützt uns und andere vor dem bitteren und harten Leben draußen. Ich möchte, dass andere diese Sanftheit in mir sehen, und ich hoffe, dass ich immer den richtigen Blick dafür habe, wo eine weiche Berührung hier und da anderen Menschen die Tiefschläge des Lebens lindern hilft.

Freundlich
oder: wohlwollend, aufmerksam, angenehm

Seid freundlich und hilfsbereit zueinander
und vergebt euch gegenseitig, was ihr einander
angetan habt. (Epheser 4,32)

Ein Mann namens John Watson sagte einmal: »Seid freundlich.
Jeder, den ihr trefft, kämpft einen harten Kampf.« Diesen
Gedanken habe ich mir zu Herzen genommen. Aber ist Ihnen
schon mal aufgefallen, dass einige Menschen schon von Natur
aus eine freundliche Wesensart haben?

Leider gehöre ich nicht zu diesen Leuten. Darauf bin ich
nicht stolz. Im Gegenteil, manchmal macht mich meine reiz-
bare Natur richtig fertig. Ich schmolle, wenn ich für andere da
sein sollte, und reagiere gereizt, wenn ich liebevoll auf den
anderen eingehen sollte. Früher wünschte ich, ich wäre
anders. Ich schloss die Augen und hoffte ganz fest, dass eine
Fee kommen und mich von einem Tag zum anderen zum Lieb-
reiz in Person machen würde.

Aber die Wahrheit ist: Freundlichkeit kommt nicht über
Nacht, denn sie ist eine Gabe des Geistes. Das heißt, der Herr
ist bereit dazu, mich Freundlichkeit zu lehren, wenn ich dafür
empfänglich bin. Und mit seiner Vollmacht muss ich mir diese
Freundlichkeit erarbeiten.

Um Früchte des Geistes zu bringen, muss zunächst die Saat
ausgestreut werden. Oft ist gerade ein gebrochenes Herz
besonders empfänglich für diese Saat, und in den Furchen
kann die aufkeimende Pflanze der Freundlichkeit tiefe Wurzeln schlagen. Und das ist die Grundlage für eine reiche Ernte
süßer, saftiger Früchte.

Wenn wir bedenken, wie stürmisch Ruts Leben war, mit all seinen Verlusten und dramatischen Veränderungen, dann ist es beeindruckend, wie die Freundlichkeit immer mehr zur Lebenseinstellung für sie wurde. Ganz anders ist es bei Noomi, die durch ihre Verluste traumatisiert ist und immer verbitterter wird und die vollkommen ausgelaugt und voller Wut nach Betlehem zurückkehrt.

Man kann den beißenden Ton der Bitterkeit in Noomis Bemerkungen hören und fühlen, als sie sich schweren Herzens nach Hause schleppte. Ihre unfreundlichen Antworten sind menschlich und nachvollziehbar, wenn man ihre tragischen Verluste betrachtet. Aber der Kontrast zu Ruts freundlichen Worten und ihrem Verhalten wird umso deutlicher, wenn man bedenkt, welches Leid die beiden Frauen teilen.

Warum begegnete Rut dem Leben offen und voller Freundlichkeit, statt mit Rückzug und voller Bitterkeit? Welche Einstellung steckt dahinter?

Vor kurzem habe ich auf einer Avocado einen Aufkleber entdeckt, auf dem stand: »Die Frucht ist reif, wenn die Schale bei leichtem Druck nachgibt.« Ruts Leben trug Früchte, die unter ziemlich heftigem Druck reiften, während sie den Tod ihres Ehemanns, ihres Schwagers und ihres Schwiegervaters erlebte. Dann verlor sie auch noch ihre Heimat, ihre Freunde und ihre Herkunftsfamilie.

Wie kann eine Frau so viel verlieren und dabei so freundlich werden? Ich bin sicher, sie kann es nicht aus sich heraus. Und wir können Freundlichkeit ebenso wenig auf Kommando produzieren. Aber wir können unseren Herrn bitten, dass er uns hilft. Und wir können von dem Beispiel Ruts lernen. Wollen wir?

16

Liebevoll
oder: warmherzig, zärtlich, barmherzig

*Wie oft wollte ich deine Bewohner um mich scharen,
wie eine Henne ihre Küken unter die Flügel nimmt!
Aber ihr habt nicht gewollt. (Matthäus 23,37)*

Die zierliche Gestalt meiner Mutter bildet einen beein-
druckenden Kontrast zu ihrem großen Herzen. Ich habe mich
oft gefragt, wie der Herr ein Zwei-Meter-Herz in ein Persön-
chen von ein Meter fünfzig Körpergröße hineinbekommen hat.
Meine Mutter ist eine Mischung aus Löwin und Lamm – stark
und sanft, kämpferisch und empfindsam zugleich. Ich habe
miterlebt, wie sie sich im Krankenhaus gegen den Verwal-
tungsapparat durchsetzte, als man sie zwingen wollte nach
Hause zu gehen, während mein Vater dort im Sterben lag. Und
nicht nur in dieser Nacht weigerte sie sich ihn allein zu lassen
– vier Wochen lang wich sie nicht von seiner Seite und saß an
seinem Bett, bis er seinen letzten, schmerzvollen Atemzug
getan hatte. Liebevoll tröstete sie ihn auf jede nur denkbare Art
und Weise und gab ihm Halt durch ihr Wachen an seinem
Bett, bis er starb.

Meine Mutter pflegte auch meine Großmutter, so lange es
ging, nachdem sie sich als Sechsundneunzigjährige bei
einem Sturz die Hüfte gebrochen hatte. Als die alte Frau nicht
mehr zu Hause versorgt werden konnte, verbrachte sie
unzählige Stunden im Seniorenheim, bis zum Tode meiner
Großmutter.

Dieses Verhalten ist typisch für das liebevolle Wesen meiner
Mutter. Sie sorgt sich um Menschen und drückt dies durch ihre
Hilfsbereitschaft und ihre sanfte Art so wunderbar aus.

Meine Mutter leidet jetzt an Alzheimer, aber immer noch strahlt sie den Geist Gottes aus. Ich habe beobachtet, wie Menschen sich zu ihrer warmherzigen und liebenswerten Art hingezogen fühlen, wenn ich sie anderen vorstelle.

Vor kurzem waren wir zusammen, und meine Mutter erinnerte sich zeitweise daran, wer ich war, und im nächsten Moment wusste sie es wieder nicht mehr. Aber selbst in diesen Augenblicken neigte sie sich zu mir, berührte sanft meinen Arm und sagte mir, ich sei offenbar ein netter Mensch. Ich antwortete: »Das liegt daran, dass du mich großgezogen hast.« Und sie antwortete: »Ich bin so froh, dass ich das gemacht habe.«

Barmherzigkeit ist ganz sicher ein Zeichen dafür dass dieser Mensch Schweres durchgemacht und sich dafür geöffnet hat, dass Gott diesen Schmerz dazu gebraucht, anderen zu helfen. Meine neue Freundin Andrea, die gerade in meine Nachbarschaft gezogen ist, ist ein Beispiel dafür.

Andrea ist eine lebensfrohe und liebenswerte junge Frau mit langen, dunklen Haaren und einem Lächeln, dass es einem warm ums Herz wird. In ihrem Wohnzimmer gibt es ein Foto von ihrem großen, gut aussehenden Ehemann, der ihre gemeinsame Tochter Angie auf dem Arm hält. Eine perfekte Familie, wie es aussieht. Und sie sind es auch, weil sie sich auf liebevolle Art und Weise umeinander kümmern. Aber sie haben einen langen und steinigen Weg vor sich. Kurz nachdem sie geheiratet hatten, fand man heraus, dass Andreas Mann einen Gehirntumor hatte. Durch die lebensnotwendigen Operationen wurden seine Gehirnfunktionen so beeinträchtigt, dass er nur noch die Fähigkeiten eines Kindes hat. Anstatt seine Ehefrau zu sein, wurde Andrea nun die, die ihn versorgte – sie wurde zu einer Mutterfigur für ihn. Wie lebensverändernd für die drei!

Als ich mehr über Andreas Situation herausfand, war ich beeindruckt von der Wärme, die sie ausstrahlte, und von der einfühlsamen Art, mit der sie anderen begegnet, die in Not sind. Ab und zu nimmt sie sich die Zeit, sich mit anderen Krebspatienten und ihren Familienmitgliedern zu treffen, sie zu trösten und ihnen zu versichern, dass der liebende Gott sie in seiner Hand hält. So sieht Andrea das Leben eben.

Ich frage mich, ob Noomi nicht irgendwann einmal innegehalten hat und Ruts Freundlichkeit bemerkte und ihrem Herrn für diese liebevolle Schwiegertochter gedankt hat, die ihr auf jede nur erdenkliche Art Freundlichkeit entgegengebracht hatte.

Anderen ist das ganz sicher aufgefallen. Nachdem Rut Boas geheiratet hatte, wurde sie auf wundersame Weise schwanger (sie hatte nämlich vorher keine Kinder bekommen können!) und bekam einen Sohn. Die Frauen der Stadt gingen zu Noomi, um ihr Familienglück zu feiern. Sie sagten zu ihr: »Denn es ist ja der Sohn deiner Schwiegertochter, die in Liebe zu dir hält. Wahrhaftig, an ihr hast du mehr als an sieben Söhnen!« (Rut 4,15)

Mehr wert als sieben Söhne? Da damals die Jungen als viel größerer Segen galten als Mädchen, ist das ein ziemlich starker Satz. Und die Zahl sieben steht für Vollkommenheit und Perfektion. Es ist also, als würden sie Noomi sagen, dass Rut für sie ein größerer Gewinn war, als es ein ganzes Haus voller perfekter Männer gewesen wäre.

Frauen wie Rut, Andrea und meine Mutter zeigen uns, dass Verluste uns nicht die Lebensfreude rauben müssen. Sie können uns sogar zu besonderer Barmherzigkeit befähigen – wenn wir nur unsere Sichtweise von Gott verändern lassen.

Wie meine Mutter sagte, ist sie froh, dass sie mich großgezogen hat. Ich bin es auch, Mama.

17
Hilfsbereit
oder: menschlich, selbstlos, mitleidend

*Als sie es öffnete, fand sie darin einen weinenden Säugling,
einen kleinen Jungen. Voller Mitleid rief sie:
»Das ist einer von den Hebräerjungen!« (2. Mose 2,6)*

Meine Freundin Florence sagt manchmal im Spaß, dass sie im
Gegensatz zu ihrer Namensvetterin keinerlei Häubchen-Qua-
litäten habe. Ich lache dann, weil ich weiß, wovon sie redet.
Zwei Tage lang war ich immer sehr verständnisvoll und hilfsbereit, wenn eins meiner Familienmitglieder krank war. Aber
am dritten Tag fand ich, sie könnten endlich aufstehen, ihr Bett
nehmen und gehen. Ein Problem hatte ich allerdings, wenn es
mal mich selbst erwischte, dann wollte ich von allen bemitlei-
det und pausenlos bedauert werden.

Sind wir nicht wandelnde Widersprüche? Wir bewundern
hilfsbereite Menschen, besonders natürlich, wenn sie mitten in
einer unserer Krisen auftauchen. Aber wehe, wir selbst sollen
in einer schwierigen Situation für andere da sein, dann kommt
es uns vor, als wandelten wir im finsteren Tal. So geht es mir
jedenfalls.

Nehmen wir zum Beispiel Mutter Teresa. In unseren Augen
war sie fast eine Heilige und wir haben unglaublichen Respekt
vor dem, was sie getan hat. Aber wer von uns würde sich wirklich aus dem Fernsehsessel erheben und neben den Ordens-
schwestern in Kalkutta den Ärmsten der Armen helfen? Wer
von uns ist denn bereit, sich Tag für Tag, ohne Anerkennung
und ohne Applaus, den irdischen Problemen des Menschseins
zuzuwenden? Wer unter uns würde sich aus freien Stücken
Krankheiten und Armut aussetzen?

Für mich bedeutet Armut, dass ich mein Gepäck selbst ins Hotelzimmer bringen muss, weil der Angestellte gerade anderweitig beschäftigt ist. Ich gebe es zu. Und was Krankheiten betrifft, so habe ich immer Sagrotantücher dabei, damit keine Bakterie es sich auf meinen Händen gemütlich macht. Und wenn jemand im Supermarkt neben mir niest oder sich die Nase putzt, werde ich fast hysterisch. Wie würde ich mich wohl aufführen, wenn ich eiternde Wunden verbinden sollte?

Ich bin dankbar dafür, dass wir nicht alle berufen sind, Mutter Teresa zu sein – oder sind wir es vielleicht doch? Ganz bestimmt sieht Gottes Plan nicht vor, dass wir alle nach Kalkutta ziehen, aber wir sind alle dazu berufen, die Leiden unserer Mitmenschen wahrzunehmen und uns fürsorglich um andere zu kümmern. Wir können alle nett zu unseren Schwiegermüttern sein, mit dankbarem Herzen dorthin gehen, wohin Gott uns schickt, und auch niedrige Arbeiten mit Würde tun ... wie Rut.

Rut erklärte sich bereit, in den Hafer- und Weizenfeldern Ähren aufzulesen, damit sie und Noomi zu essen hatten. Bei dem bloßen Gedanken daran bekomme ich Schweißausbrüche: endlos lange Reihen verbrannter Erde, den ganzen Tag in gekrümmter Haltung verbringen und selbst in der heißen Mittagssonne ausharren – also ehrlich! Rut sah darin eine Möglichkeit, ihrer Schwiegermutter zu helfen. Ich sehe nur die harte Arbeit, die notwendig ist, um diese Hilfsbereitschaft und das Mitgefühl zum Ausdruck zu bringen. Ich muss wohl mal meine Augen untersuchen lassen.

Als Teenager hatte ich mal so einen Sehtest, als ich in einer Reihe stand und mit anderen Kartoffeln auflas, weil ich schnell und bequem mein Taschengeld aufbessern wollte. Schnell? Bequem? Mein Rücken tat weh, ich war völlig verdreckt, mir war unerträglich heiß und es war unendlich langweilig. Es dauerte keine Stunde, bis ich anfing herumzujammern. Und plötzlich schien es mir gar keine schlimme Strafe zu sein, für meine Mutter Kartoffeln schälen zu müssen.

Beim Kartoffelauflesen ist man genau in der richtigen Position, um etwas über Mitgefühl zu lernen – nämlich auf den

Knien. Ich hätte viel länger in dieser Haltung bleiben sollen. Zu Mutter Teresas Leben gehörten tägliche Gebetszeiten, in denen sie den mitfühlenden Gott bat, noch mehr durch ihr Leben zu wirken.

Ich frage mich, was wohl passieren würde, wenn wir regelmäßig – sagen wir dreimal am Tag – den Herrn darum bitten würden, unsere Herzen mitfühlend zu machen. Vielleicht wären wir mit unseren Verwandten viel barmherziger und würden unserem Herrn folgen, wohin er uns führt – selbst wenn es ein Stall in Betlehem ist. Und vielleicht würden wir anderen dienen, selbst wenn wir uns dabei bücken oder niederknien müssen oder gar eine zweite Florence Nightingale werden. Ist nur so eine Überlegung.

Ihnen ist beim Lesen sicherlich aufgefallen, wie sehr die einzelnen Stärken der jungen Moabiterin – Sensibilität, Weichheit, Freundlichkeit, Liebe und Hilfsbereitschaft – miteinander verwoben sind. Ein freundlicher Mensch ist sensibel für die Nöte anderer, und die Liebe erweicht unser Herz, so dass wir bereit sind zu helfen. Ich bin überzeugt, dass diese wunderbar weiblichen Eigenschaften die zarteren Töne in der Palette unseres Frauseins darstellen. Mit ihnen haben wir die Möglichkeit, die Welt zu bereichern und weniger grell und aggressiv zu machen. Danke, Herr, für den wunderbaren Reichtum, den du in uns hineingelegt hast.

Ein Ort der Gnade: Ein Gebet

Was sollen wir von Ruts Reise lernen, Herr? Dass sie ihre Augen zu dir aufhob und dabei doch nicht die Menschen aus dem Blick verlor? Dass sie mehr wahrnahm, als sie sagte, aber die Worte, die sie sprach, liebevoll und freundlich waren? Willst du, dass wir uns die Art und Weise, wie sie mit ihren Angehörigen redete, zu Eigen machen?

Vielleicht möchtest du jeder von uns etwas anderes zeigen. Etwas, das in unsere Alltagskämpfe, in unsere Nöte, in unsere Familien, unser Versagen und unseren Glauben hineinspricht. Wir wollen das Beste, das du für uns willst, und wir sehen in Ruts Leben, wie du souverän die Zerstörung umgekehrt und sie an einen Ort geführt hast, an dem sie deine überströmende Gnade erleben konnte.

Wir wünschen uns so sehr, dass deine Fülle unser Leben verändert, damit wir Frucht bringen und uns dankend vor dir beugen. Führe uns durch unsere Täler, Herr, die staubigen Straßen der Veränderung entlang, durch unsere Einsamkeit hindurch, und bring uns zu den Feldern deiner Verheißung.

Wir wollen wie Rut an dir festhalten, anderen gerne dienen, auf deinen Wegen gehen, in deiner Gegenwart niederknien, dankbar unsere Arbeit tun und uns ruhig und in deinem Frieden niederlegen. Amen.

Die
Hände
einer Frau

Vollkommen unvollkommen:
Die Frau aus Sprüche 31

Hat die Frau in Sprüche 31 eigentlich einen Namen? Wenn ich ihr einen geben sollte, würde sie wahrscheinlich Frau »Anderen-auf-die-Nerven-Geh« oder Madame »Ich-bin-so-perfekt-dass-ich-keine-Freunde-habe« heißen. Ja ja, ich weiß. Ich sollte das nicht so sehen, aber diese namenlose Frau ist so porentief rein, dass ich das Bedürfnis habe, ein bisschen mit Dreck zu werfen. Wahrscheinlich hat sie Arme wie Arnold Schwarzenegger, weil sie schon seit Jahrhunderten alles im Griff hat.

Sprüche 31 hört sich an wie die Wunschliste einer Mutter, die eine Frau für ihren Sohn sucht – natürlich will sie nur das Beste vom Besten. Bibelforscher vermuten, dass König Lemuël Bathsebas Name für König Salomo war. Sozusagen ein Kosename wie »Schätzchen« oder »Bärchen«. Aber der Name Lemuël hat noch eine tiefere Bedeutung: Er heißt »Gottes Eigentum«. In Sprüche 31 sagt uns König Lemuël, was ihm seine Mutter geraten hat – aus welchem Holz eine tolle Frau geschnitzt ist. Und das ist ein himmlisches Material, wie es keine von uns auch nur aus der Ferne gesehen hat.

Um ehrlich zu sein, gibt es in den Versen 10 bis 31 eine ganze Reihe sehr erstrebenswerter Ziele und Eigenschaften, die für jede Frau wirklich ein hervorragender Maßstab sind.

Und ich weiß, dass ich Vorbilder brauche. Vor einigen Jahren (vor dreiundzwanzig, um genau zu sein) bat ich den Herrn noch, mir eine Frau zu zeigen, die ein Vorbild für mich sein könnte. Damals lautete seine Antwort: »Ich werde dir kein Vorbild geben; ich will, dass du selbst eins wirst.«

Glauben Sie bloß nicht, dass mein kleines chaotisches, unsicheres Herz jetzt auf einmal Freudensprünge gemacht hätte! Ich hatte kein Problem damit, eine andere Frau zu beobachten, wie sie ihren Glauben lebte. Aber Ja zu der Berufung zu sagen, selbst den Glauben vorzuleben – das war ein ganz anderes Paar Schuhe. So, wie mein Leben aussah, war es nicht gerade als leuchtendes Beispiel geeignet. Ich bin dankbar dafür, dass Gott dann doch Frauen in meinen Weg gestellt hat, die für mich wunderbare Vorbilder waren und von denen ich lernen konnte. Aber er hat auch immer wieder von mir gefordert, dass ich selber erwachsen werde.

Genau genommen gab es bereits Vorbilder in meinem Leben, aber ich hatte sie nicht als solche wahrgenommen. Vielleicht geht es Ihnen ja ähnlich. Ein ziemlich langer Prozess der Heilung und des Reifens und eine Menge persönlicher Erfahrungen waren nötig, bis ich erkannte, was für ein Vorbild meine Mutter mir gewesen war. Zu dieser Einsicht kam ich erst, nachdem ich mit meinem eigenen Versagen konfrontiert worden war. Das erweichte mein Herz und machte mich barmherziger gegenüber den Fehlern anderer.

Wissen Sie, meine Mutter hat bestimmt nicht alles richtig gemacht, aber nachdem ich ihr einmal verziehen hatte, dass sie nicht perfekt war, wurde mir klar, dass sie viel mehr richtig als falsch gemacht hat. Ich ermutige inzwischen jede Frau, eventuelle Probleme mit ihrer Mutter so schnell wie möglich zu bereinigen, damit sie ihre Mutter schätzen lernt und das Zusammensein mit ihr genießen kann. Denn die Zeit vergeht wie im Flug, und irgendwann sind unsere Mütter dann nicht mehr bei uns.

Vielleicht ist meine Mutter nicht so vollkommen wie Frau »S-31«, aber sie war schon immer sehr praktisch veranlagt. Sie hatte ein Händchen für wohnliche Dekoration, sie war einfallsreich und sie konnte mit Geld umgehen. Sie konnte eine armselige Hütte in ein wunderschönes Ferienhaus verwandeln. Sie konnte aus einem Suppenhuhn ein ganzes Festessen zaubern. Und sie konnte aus einem Dollar ein kleines Vermögen erwirtschaften. Ich weiß nicht, wie sie es gemacht hat, aber vielleicht hat es geholfen, dass sie in einer Großfamilie auf dem Bauernhof aufgewachsen war, dass sie die Weltwirtschaftskrise durchlebt hatte und dass sie einen Milchmann geheiratet hatte. All das gab ihr ausreichend Gelegenheit, kreativ, flexibel, einfallsreich und fleißig zu sein. Genau wie Sie-wissen-schon-wer, Madame Hundertprozentig aus Sprüche 31.

Gelegentlich begegne ich Frauen, die scheinbar alles im Griff haben, aber bei näherem Hinsehen (Sie kennen den Test mit dem weißen Handschuh und dem obersten Regalbrett) ist das nur selten wahr. Die Menschen, die ich getroffen habe, sind und bleiben einfach Menschen. Manchmal verschludern sie ihre Zeit, plündern ihr Konto, lassen etwas anbrennen, sind wütend und verlieren die Orientierung.

Aber das ist ja so anstrengend an Frau S-31 – sie zeigt keine Schwächen. Und eins weiß ich ganz sicher: Sollte es sie irgendwo tatsächlich geben, will ich nicht in ihrer Nähe wohnen müssen. Ich brauche wirklich niemanden, der mir meine Unvollkommenheit unter Beweis stellt, das kann ich selbst ganz ausgezeichnet. Manchmal vergesse ich nämlich, den Lippenstift aus der Jackentasche zu nehmen, und dann wasche ich die Jacke, und meine Waschmaschine und die Hemden meines Mannes leuchten in schönstem Rosarot. Manchmal vergesse ich einfach, die Steuern zu zahlen, und weil Finanzbeamte keinerlei Humor haben, hagelt es dann böse Briefe. Oder mir brennt das Mittagessen bis zur Unkenntlichkeit an (manchmal sind wir noch nicht einmal sicher, was es ist, *bevor* ich es anbrennen lasse). Ich bin also noch lange keine S-31.

Ich tröste mich dann immer damit, dass ich Fortschritte gemacht habe, und wenn ich das Ganze richtig sehe, dann geht es doch um stetigen und messbaren Fortschritt. Frau S-31 ist in ihrer Vollkommenheit ein Ideal, an dem wir uns orientieren sollen. Wir werden es nicht erreichen, aber wir werden uns bessern, weil wir uns bemühen. Wichtig ist dabei aber, dass wir uns nicht selbst fertig machen, indem wir unsere Mängel durch Gesetzlichkeit wettzumachen versuchen.

Sprüche 31 beschreibt so wunderbar weibliche Wege, auf andere zuzugehen und für sie zu sorgen. Sechsmal werden in diesem berühmten Bibeltext die Hände genannt, und an vielen anderen Stellen kommen sie indirekt vor, wo der positive Einfluss deutlich wird, den die Hand einer Frau haben kann.

Ich habe erfahren, dass ich mich erst einmal nach oben ausstrecken muss, bevor ich anderen die Hand reichen kann. Lassen Sie uns also gemeinsam den Gott anrufen, mit dessen Hilfe wir unsere Welt verändern können, selbst wenn wir weit davon entfernt sind, perfekt zu sein.

Kreativ
oder: schöpferisch, originell, phantasievoll

*Sie fertigt Tücher und Gürtel an und
verkauft sie an Händler. (Sprüche 31,24)*

Anscheinend war S-31 eine gute Schneiderin. Immer wieder
wird nicht nur darauf hingewiesen, dass sie für ihre Familie
und für den Markt Kleidung entwirft, sondern sie tut es auch
zu ihrer eigenen Freude am Schaffen. Sie war kreativ, und sie
war es gern. In Sprüche 31,13 heißt es, dass sie gerne mit ihren
Händen arbeitete.

Auch ich arbeite gern mit meinen Händen, aber ich kann
Ihnen versichern, dass Sie mich nicht an der surrenden Näh-
maschine finden werden. Das einzige Nähutensil, das ich
besitze, ist ein Nadelkissen von meiner Mutter, und ich weiß
noch nicht einmal, wo es ist. Wahrscheinlich von Spinnweben
verziert irgendwo auf dem Dachboden. Nein, nähen ist wirklich nicht mein Ding. Mit Hammer und Nagel oder einem
Tacker kann ich schon besser umgehen (Letzteres dürfte als
Rocksaum allerdings etwas unangenehm sein).

Meine handwerklichen Fähigkeiten liegen mehr im Deko-
rieren, Unkrautjäten und Scrabble-Spielen (na gut, vielleicht
zählt das nicht als Handarbeit im engeren Sinne). Obwohl mir
ein paar andere Sachen auch gut von der Hand gehen, zum
Beispiel mit sicherem Griff das teuerste Kostüm im ganzen
Laden zu wählen oder in der Konditorei auf ein besonders
kalorienhaltiges Sahnetörtchen zu zeigen.

Hände sind ein wunderbarer Teil unseres Körpers. Wir können damit Beifall klatschen, Händchen halten, unsere Kinder
streicheln oder unseren Partner. Wir können anderen die Hand

75

in Freundschaft reichen, winken, Musik machen und sogar laut auf den Fingern pfeifen. Die Möglichkeiten sind schier endlos.

Hände sind schön – auch alte Hände. Ich zog früher gern mit den Fingerspitzen die bläulich schimmernden Venen an der Hand meiner Großmutter nach, die sich unter ihrer papierdünnen Haut schlängelten. Oma starb mit siebenundneunzig Jahren, und ihre Hände hatten in ihrem Leben viel gegeben und viel empfangen. Ich erinnere mich daran, dass ich sie als Kind dabei beobachtet habe, wie sie die Seiten ihrer Bibel glatt strich, wenn sie darin nach Wahrheit und Weisheit forschte. Und besonders gerne erinnere ich mich daran, wie ihre Hände Brote mit selbst gemachter Pfirsichmarmelade bestrichen, die sie mir dann gab.

Ich mag die Hände von Babys mit ihren kleinen, speckigen Fingerchen. Sie strecken sie nach Rasseln aus oder nach Haarsträhnen und Ohrringen, die unbedacht von ausgeleierten Ohrläppchen herunterhängen. Ihre Hände verlassen sich darauf, dass unsere Hände sie bei ihren ersten Schritten in die Welt festhalten. Später lehren wir sie einen Ball zu fangen und eine Schleife zu binden. Und bevor man es sich versieht, bringen sie uns etwas bei, zum Beispiel wie man Autoschlüssel und Bargeld aus der Hand gibt. (Ich glaube, das ist der Zeitpunkt, wo wir anfangen, uns die Haare zu raufen.) Ob es das ist, was man unter Generationenvertrag versteht?

Eine meiner liebsten Erinnerungen ist, wie meine Mutter Wäsche bügelte. Sie hätte Vorlesungen an der Universität darüber halten können, denn sie beherrschte das Bügeln wie eine Kunst. Selbst der Kühlschrank spielte dabei eine Rolle: Sie füllte eine Wanne mit Stärke, ließ Deckchen darin einweichen, rollte sie auf, legte sie in den Kühlschrank und bearbeitete sie dann mit dem Bügeleisen. Jede Stickerei, jedes Zipfelchen der Häkelspitze wurde einzeln bearbeitet, bis es perfekt war. Ja, meine Mutter hatte Freude an ihrer Handarbeit – und wir auch.

Mein Sohn Jason behauptet, er habe im Hauswirtschaftsunterricht eine Eins im Bügeln gehabt. Ich habe noch nie etwas gesehen, das er gebügelt hat, aber ich weiß, dass er die Dinge nicht vorher kühlt. Jedenfalls habe ich nie irgendwelche Hemden zwischen Erdnussbutter und Würstchen in unserem Kühlschrank gefunden. Seine Frau Danya sagt übrigens auch, dass sie ihn in den drei Jahren ihrer Ehe noch nie über das Bügeleisen gebeugt gesehen hätte, oder auch nur in der Nähe des Bügelbrettes. Aber er ist ein guter Sohn und ein guter Ehemann, und Danya und ich geben ihm auch eine Eins – schon für die absurden Behauptungen, mit denen er uns zum Lachen bringt.

Das erinnert mich an den Tag, als unser Sohn Jason Robert Clairmont am 22. April 1974 in unser Leben trat. Diese Gelegenheit verlangte, wenn ich mich recht erinnere, auch nach ein paar Stichen. Sein Vater hatte eine so stolzgeschwellte Brust, dass ihm fast die Knöpfe am Hemd wegplatzten, aber er wusste, dass ich sie nicht wieder annähen konnte. Aus den fähigen Händen des Arztes nahmen wir unseren Sohn in Empfang, der unser Herz berührte und unser Leben veränderte.

Ich bin gerne eine Frau, und ich bin dankbar für dieses Vorrecht. Vielleicht nähe ich nicht so gut, aber ich habe auch das eine oder andere kaputte Spielzeug repariert. Ich bügle vielleicht nicht wie meine Mutter, aber ich habe anderen in schweren Zeiten die Hand gereicht, um ihnen zu helfen. Und über die Jahre und eine Menge Kummer hindurch habe ich gelernt, wie wichtig es ist, mit der Weisheit der Bibel die Knitterfalten in meinem Leben glatt zu streichen ... sogar mit Sprüche 31.

Vielseitig
oder: facettenreich, praktisch, anpassungsfähig

Alles, was im Haus geschieht,
behält sie im Auge. (Sprüche 31,27a)

Als ich ein junges Mädchen war, sagte mir mein Vater immer, ich solle auf keinen Fall seinen Hut aufsetzen, sonst würden mir auch die Haare ausgehen, so wie ihm. Aber irgendwie konnte ich doch nicht widerstehen und setzte den Hut auf, wenn er es nicht sah. Ich bin sehr dankbar dafür, dass Vater nicht die Gabe der Prophetie hatte, denn nach fünfundvierzig Jahren habe ich immer noch sehr viele, sehr eigensinnige Haare auf dem Kopf.

Und ich trage auch immer noch Hüte. Natürlich nicht die meines Vaters, sondern ich besitze eine ganze Reihe eigener. Ich meine nicht solche, wie ein Hutmacher sie herstellt (gibt es diesen Beruf eigentlich überhaupt noch?), sondern es sind imaginäre Hüte, die zu meiner jeweiligen Rolle passen. Zum Beispiel habe ich einen Schriftstellerhut, so etwas Ähnliches wie ein Doktorhut. Und obwohl man den Hut nicht sehen kann, kann man in meinen Büchern lesen, was dabei herauskommt, wenn ich ihn trage.

Manchmal trage ich auch eine Kochmütze. Das kommt nicht oft vor, und es dauert auch nicht sehr lange, aber dann muss ich meiner kulinarischen Kreativität einfach freien Lauf lassen. Das ist natürlich nur meine Meinung – die, die meine Kochkünste ertragen müssen, würden vielleicht lieber der Hobbyköchin den Laufpass geben.

Mein Ehefrauenhut ist etwas ganz Besonderes: Es ist eine Mischung aus Fez und Turban, und das Ganze mit Taschen. In diesen Taschen befinden sich Dinge, die mein Mann liegen gelassen hat und die ich – als perfekte S-31-Frau – aufgehoben habe. Wichtige Dinge wie die Fernbedienung, das schnurlose Telefon, der Sekundenkleber und der Kfz-Brief. Ich war schon einmal kurz davor, die Fernbedienung mit dem Sekundenkleber an seiner Stirn zu befestigen, um Zeit und Nerven zu sparen, aber sein Hut war im Weg. Seltsamerweise hat seiner auch Taschen. Darin befinden sich meine Autoschlüssel, mein Portemonnaie, meine Strumpfhose, meine Kreditkarte und anderer angesammelter Krimskrams, den ich verlegt habe. Hm, vielleicht sollten wir einfach die Kopfbedeckungen tauschen.

Mit den Hüten ist das übrigens so eine Sache; wenn wir zu viele davon haben, kommen wir durcheinander, stolpern über Hutschachteln und behindern uns außerdem mit zu viel Gepäck. Wir wissen bereits, dass Frau S-31 sich nicht auf ihren Lorbeeren ausruhte. Und wir wissen: Wenn man alle Energie in das Nickerchen auf dem Sofa steckt, verpasst man eine Menge Chancen, die eigenen Fähigkeiten zu entfalten – und damit verpasst man eine Menge Freude am Leben. Aber die Frage ist doch: Wie können Sie und ich als Frauen bei Verstand bleiben und gleichzeitig unsere Vielseitigkeit ausleben?

Vielleicht lassen wir uns anregen von unserer Freundin in Sprüche 31, die ganz sicher alles andere als untätig war (aber nicht wichtigtuerisch), und dabei viele Rollen spielte. Sie kümmerte sich um die Bedürfnisse ihrer Familie, sie war Geschäftsfrau, sie war Schneiderin, sie war Sozialarbeiterin und sie war Lehrerin.

Leider sagt uns die Bibel nicht, wie sie es bei all diesen Jobs geschafft hat, weder ihre Pflichten noch die liebevolle Zuwendung anderen gegenüber zu kurz kommen zu lassen. Mich selbst lähmt es eher, wenn ich von einer Rolle zur nächsten hetze. Vielleicht ist das das Problem: Wenn es uns nicht gelingt, die Dinge, die anstehen, voller Behutsamkeit und Freundlichkeit zu tun, dann haben wir unsere Berufung aus den Augen verloren und zeigen mehr Hüte als Herz.

Wen interessiert es, dass wir am Ende eines Tages mehr erreicht haben als unser Nachbar, wenn wir dabei alle niedergewalzt haben, die uns im Weg standen? Ich habe Leute gesehen, die viele nützliche und gute Dinge getan haben, obwohl sie besser zu Hause geblieben wären und sich ausgeruht hätten, bis sie wieder in der Lage sind, einen freundlichen Satz von sich zu geben (ich schließe mich da übrigens ein). Sprüche 31 zeigt eine Frau, die viele verschiedene Aufgaben erledigt (als Ehefrau, Mutter, Managerin, Unternehmerin) und gleichzeitig mit herzlicher Freundlichkeit für ihre Mitmenschen da ist.

Ich glaube nicht, dass man eine freundliche Ausstrahlung haben kann, wenn man sich nicht auch um die eigenen Bedürfnisse kümmert und sich Zeit nimmt – Zeit in Gottes Gegenwart, Zeit für das Gebet, Zeit um zu lachen und auch zu weinen.

Wir Frauen sind wirklich erstaunlich! Wir schaffen so viel, oft in so kurzer Zeit – zum Beispiel mit den Kindern am Tag vor der Mathearbeit die binomischen Formeln zu üben und sie gleichzeitig mit vitaminreicher Nahrung zu versorgen und für sie zu beten. Oder wir zaubern vor dem Gottesdienst ein kreatives Mittagessen, das wir zwei Stunden später kunstvoll verlängern, damit die unangemeldeten Gäste satt werden, die wir ganz nebenbei natürlich auch noch unterhalten. Ganz zu schweigen von unserem originellen Outfit, das trotzdem unheimlich pflegeleicht ist und darüber hinaus ein richtiges Schnäppchen war. Und dass unser gemütliches Zuhause nicht nur halbwegs ordentlich ist, sondern auch immer eine Anlaufstelle für Sorgen und Nöte von aufgeschlagenen Knien bis zu Ehekrisen.

Und das ist nur ein winziger Ausschnitt unserer Möglichkeiten, wie wir unsere Umwelt beeinflussen und verändern können. Lassen Sie uns all das tun und noch mehr – ohne uns etwas darauf einzubilden, sondern mit dem schützenden Hut der Demut auf dem Kopf.

Sprüche 31 berichtet davon, wie unsere Freundin handgemachte Tücher für sich selbst machte. Wie sah wohl ihre Kopfbedeckung aus? Ich kann mir vorstellen, wie sie die handgefertigten Tücher gekonnt um ihr Gesicht drapierte. Und ich stelle mir vor, dass das Ergebnis bei aller Schönheit doch keinen Vergleich aushielt mit der Schönheit ihres Herzens und ihrer Hände, die anderen hilfreich entgegengestreckt waren.

Einfallsreich
oder: findig, erfinderisch, unternehmungslustig

Sie sorgt dafür, dass sie immer Flachs und Wolle hat;
sie spinnt und webt mit fleißigen Händen. (Sprüche 31,13)

Als Kind habe ich immer gestaunt, was meine Mutter aus
unbrauchbaren Resten, beschädigten Zutaten und wenig Substanz zu kochen verstand. Sie hatte immer den Überblick in
ihrem Haus, genau wie die S-31-Frau. Mutter konnte mit dem,
was am Ende des Monats in der Speisekammer übrig war, ein
Festessen zubereiten, und sie wusste, wie man demselben
alten Haus mit denselben Sachen ein wunderbar neues Dekor
verpasste. Man sagt zwar, dass Not erfinderisch macht, aber
ich bin überzeugt, dass jemand anders hinter dieser Fähigkeit
steckt. Heute weiß ich das weit mehr zu schätzen, als ich es
als Kind tat. Natürlich genoss ich die Vorteile ihres Einfalls-
reichtums schon damals, aber heutzutage bewundere ich ihre
Einstellung und ihre Genialität.

Sie fragen sich vielleicht, was Einstellung mit Einfallsreichtum zu tun hat. Ich kann Ihnen sagen: eine Menge! Ich glaube, dass einfallsreiche Menschen Wesen mit einer positiven
Grundhaltung sind, die immer nach Wegen suchen, damit
Dinge klappen – besonders wenn etwas schief läuft, die Vorrä-
te nicht ausreichen oder die finanziellen Mittel knapp werden.
Anstatt klein beizugeben, ergreifen solche Menschen die Gelegenheit beim Schopf. Anstatt zu jammern: »Es klappt einfach
nicht«, fragen sie sich: »Wie könnte es denn klappen?« Dieser
positive Ansatz setzt kreative Kräfte frei und war schon für
viele Erfindungen Geburtshelfer. Wenn wir einen gescheiterten
Versuch nicht als Sackgasse ansehen und die Schwierigkeit

nicht als etwas verinnerlichen, »das (nur) mir immer passiert«, dann können wir die Webfehler in unserem Leben hinter uns lassen und uns auf die Suche nach neuen wunderschönen Mustern machen.

Apropos Handarbeiten (Sie erinnern sich, dass wir schon einmal davon sprachen): Die geschickten Hände meiner Mutter zauberten aus einfachen dicken Garnknäueln filigrane Häkeltischdecken, die bis zum Boden reichen. Sie verkaufte sie nicht, sondern vermachte sie jedes Mal einem Menschen – und die Empfänger waren begeistert! Das war Mutters Art, im Alter erfinderisch und unternehmungslustig zu sein. Für mich ist ein Garnknäuel nichts als ein formloses und unnützes Ding, und wenn man mir dazu eine Häkelnadel in die Hand drücken würde, wäre das Ergebnis nicht weniger formlos und unnütz. Häkeln ist also eindeutig nicht mein Weg zu mehr Einfallsreichtum!

Ich habe einmal Hunderte von ausgeschnittenen Papierschneeflocken aufgefädelt, die aus den Himmeln (genauer gesagt von der Decke eines Tagungsraumes) herunterhängen sollten, um bei einer Weihnachtsfeier ein Schneegestöber zu simulieren. Und in einem anderen Jahr nähten meine Freundin Edith und ich einen ganzen Berg Krawatten für unsere Ehemänner. Ehrlich gesagt, musste Edith meine fast alle wieder aufmachen, weil sie eher wie hawaiianische Lätzchen aussahen. Na gut, ich bin also ein bisschen grobmaschig und manchmal auch fadenscheinig, aber ich bin einfallsreich und meine Einstellung ist positiv ... meistens jedenfalls.

Wir lesen in der Bibel, dass Frau S-31 einfallsreich war mit ihren Händen (Verse 13, 19-20, 21 und 24), mit ihrer Zeit (Verse 15, 18 und 27) und mit ihren Finanzen (Verse 16, 18, 24, 25 und 27). Sie hatte eine gediegene Einstellung, wenn sie an andere dachte, sie verfolgte energisch ihre Ziele und sie stellte sich selbstbewusst und gefasst dem Leben.

Frau S-31 ist mir immer auf die Nerven gegangen mit ihrem Perfektionismus, aber je mehr Zeit ich mit ihr verbringe, desto besser kann ich sie leiden und desto weniger Angst flößt sie mir ein.

Ich schätze, immer dann, wenn ich jemanden treffe, der in so vielen Bereichen glänzt, dann fühle ich mich ein winziges bisschen unsicher. Ich messe meinen Wert an dem, was sie erreicht hat, und dann stürzt mein Selbstwertgefühl in die Tiefe. Ich glaube, darum hat der Herr für jeden von uns seine eigene Messlatte. Darum hat er uns unterschiedlich begabt und uns die Fähigkeit geschenkt, einfallsreich zu sein. Er will, dass wir einfallsreich sind, dass wir mit seiner Hilfe immer wieder neu anfangen, um das Beste aus dem zu machen, was uns gegeben wurde.

Und wissen Sie, was mich besonders begeistert? Dass wir mit Jesus jemanden haben, der die Quelle unseres Reichtums ist. Ich finde es einfach phantastisch, dass er uns anregt, unsere Hände so zu gebrauchen. Genauso wie er seine Hände als Zimmermann benutzte, um kreativ zu sein, können wir mit unseren Händen und Herzen helfen, aus dieser Welt einen besseren Ort zu machen.

Ich höre nie auf darüber zu staunen, wie einfallsreich Jesus ist. Er stand nicht nur vom Tod auf, sondern hat uns auch zugesagt, unsere unbrauchbaren Versuche, unsere beschädigten Seelen und unser bisschen Substanz zu nutzen, um sie für seine Herrlichkeit und zu unserem Besten zu verwenden.

23

Fleißig
oder: arbeitsam, eifrig, geschäftig

*Sie packt ihre Aufgaben energisch an und
scheut keine Mühe. (Sprüche 31,17)*

Fleißig sein bedeutet aktiv sein. Ich bin aktiv. Fleißig sein
bedeutet auch produktiv zu sein. Ich produziere. Fleißig sein
bedeutet konsequentes Durchhalten und unbeirrbare Beständigkeit. Ich bin aktiv.

»Fleißig« klingt so robust, und ich fühle mich – Sie haben es
erraten – oft gar nicht robust. Manchmal wirft mich das Leben
einfach aus der Bahn, besonders die kleinen Dinge, wie zum
Beispiel eine gewisse Art von Ordnung in meiner Umgebung
zu halten, damit ich die Schubladen nicht mit dem Brecheisen
öffnen und schließen muss. Und damit ich nicht in der Öffentlichkeit meine Handtasche ausleeren muss und alle denken,
ein Flohmarkt wäre in vollem Gang. Und damit ein unerwarteter Besucher nicht vor meinem unter Papierbergen begrabenen Schreibtisch steht, während ich entschuldigend dummes
Zeug stammle.

Irgendwie sammelt sich das Zeug nicht nur in meinen
Schränken, Schubladen, in meinem Keller, im Handschuhfach
und auf dem Schreibtisch, sondern es belastet auch mein
Gemüt. Unordnung macht mich völlig hilflos. Ich weiß natürlich, dass ein fleißiger, praktischer Lösungsansatz es mir gestatten würde, meinen ganzen Krempel zu umzingeln, zu zähmen
und dann ordentlich zu verstauen. Ich hätte gerne mal in das
Transportmittel von Frau S-31 gesehen, um zu sehen, ob sie
eine Ersatzstrumpfhose im Handschuhfach verstaut hatte. Na
ja, wahrscheinlich nicht. Aber ich bin sicher, auch sie hat

manchmal gegen die Wäschekörbe der Familie, die Geschirrberge in der Küche und das restliche häusliche Wirrwarr angekämpft. Und doch heißt es in Vers 28, dass ihre Familie aufstand, um sie zu preisen.

Ich war schon in Häusern, in denen, selbst wenn die Familie aufgestanden wäre, sie Muttern unter der ungebügelten Wäsche, den unerledigten Hausaufgaben und Bergen von Altpapier gar nicht gefunden hätte – geschweige denn, sie hätte segnen können. Erst letzten Mittwoch war mein eigenes so ein Haus.

Ich nehme an, dass wir deshalb aufgefordert werden, von den Ameisen zu lernen (Sprüche 6,6-8 und 30,25), weil sie ein Musterbeispiel an Fleiß sind. Diese kleinen Kreaturen joggen den ganzen Tag hin und her und machen kaum mal eine Kaffeepause. Sie scheinen ihren Nutzen zu kennen, und sie sind entschlossen, ihre Arbeit fertig zu bekommen – einen Biss nach dem anderen. Egal wie viele Hindernisse man ihnen in den Weg legt, sie sind nicht aufzuhalten.

Wir hatten einmal eine ganze Armee von Ameisen, die in einem Ahornbaum vor unserem Schlafzimmerfenster ihr Quartier aufgeschlagen hatten. Diese fleißigen kleinen Kerle machten sich nun daran, das Innere des zwanzig Meter hohen Baumes auszuhöhlen! Als wir schließlich merkten, dass unser Ahorn zu ihrem McDonalds geworden war, hatten sie den Baum schon so geschädigt, dass unser Haus akuter Baumschlaggefahr ausgesetzt war – und das auf meiner Seite des Bettes!

Wenn so klitzekleine Ameisen einen Baum umwerfen können, der eine Zillion mal größer ist als sie selbst, was können wir dann alles erreichen? Viele Frauen haben ihre Zeit, ihre Fähigkeiten und ihre Zielstrebigkeit genutzt, das Unmögliche zu tun: Frauen wie Florence Nightingale, die mit der Arbeit ihrer Hände nicht nur im Krieg, sondern auch in Krankenhäusern auf der ganzen Welt mithalf, die Todesrate drastisch zu senken. Florence arbeitete unentwegt und schärfte ihren Krankenschwestern die hygienischen Maßnahmen ein, die für das Überleben der Patienten so wichtig waren.

Im Jahre 1841 wurde Dorothea Dix gebeten, in einer Besserungsanstalt Religionsunterricht zu erteilen, und sie war schockiert über die entsetzliche Behandlung der psychisch Kranken und geistig Behinderten, die, egal welchen Alters oder Geschlechtes, zusammen mit Kriminellen eingepfercht waren. Die Kranken waren sich selbst überlassen, nackt und verwahrlost lebten sie in völliger Dunkelheit, ohne Wärme oder sanitäre Anlagen. Einige waren angekettet und wurden geschlagen. Die nächsten vierzig Jahre verbrachte Dorothea damit, in fünfzehn Bundesstaaten der USA und in Kanada führende Politiker dafür zu gewinnen, städtische Krankenhäuser für psychisch Kranke einzurichten. Ihr praktischer und handfester Einsatz wurde schließlich durch mehr als dreißig Einrichtungen belohnt, die aufgrund ihrer Hartnäckigkeit gebaut wurden.

Louisa May Alcott meldete sich nach dem amerikanischen Bürgerkrieg freiwillig als Krankenschwester. Sie bekam Typhus und wurde nie wieder ganz gesund. So schwach und gebrechlich wie sie war, begann sie zu schreiben. Sie verbrachte ihre letzten Jahre damit, mit ihren fürsorglichen Händen kranke Patienten bis zu ihrem Tod zu versorgen. Sie selbst starb mit 56 Jahren zwei Tage nach ihrem Vater und hinterließ eine Schatztruhe voller wunderbarer Bücher.

Und ich gehe schon unter, wenn mein Schreibtisch aufgeräumt werden muss oder der Inhalt meiner Handtasche überquillt? Das Problem ist eigentlich gar nicht, dass ich nicht mit dem Krempel in meinem Leben klarkomme. Ich finde, solche Arbeit ist einfach eine elende Plackerei. Ich frage mich, wie ich wohl die schwierige, undankbare Aufgabe gemeistert hätte, für die geistig Behinderten zu kämpfen. Oder wie ich mit dem Dreck und den unhygienischen Bedingungen in Krankenhäusern gelebt hätte, während ich versucht hätte, etwas zu ändern. Oder wie ich für andere hätte sorgen können, wenn ich selbst so dringend Hilfe gebraucht hätte.

Ich weiß nicht, wie es Ihnen geht, aber ich glaube, ich schließe mich Frau S-31 an und spucke in die Hände, um in meinem eigenen Leben aufzuräumen, damit ich mich anschließend mit größerem Eifer und Hingabe anderen Menschen widmen kann. Vielleicht kann ich nicht das Erbe von Florence Nightingale antreten, aber ich kann – ein Stück nach dem anderen – lernen, was es heißt, eine wirklich fleißige Frau in dem Teil dieser Welt zu sein, den ich beeinflussen kann. Ich will eine Frau sein, die das anpackt, was getan werden muss, und es dann bis zum Ende durchzieht. So!

Hat irgendjemand meine Handtasche gesehen?

An die Arbeit: Ein Gebet

Herr, du wusstest, wie wichtig und befriedigend es für eine Frau sein würde, ihre Hände zu gebrauchen, um das Leben anderer zu berühren – sei es durch eine Häkeltischdecke oder das Säubern einer Wunde. Du hast uns mit Händen geschaffen, damit wir arbeiten, reparieren, entwerfen, schmücken, umarmen, dienen, lieb haben, stützen, hochheben, beten und loben können. Die Möglichkeiten, uns anderen zuzuwenden, sind schier endlos – danke!

Aber manchmal gibt es so viel zu tun, dass wir nicht genug Zeit haben. Hilf uns, Prioritäten zu setzen, während du unsere Schritte lenkst. Wir wollen unsere Gaben nicht so streuen, dass es für keinen reicht. Wir wollen mit unserer Berührung heilen, beruhigen, verbinden und aufbauen.

Wenn andere die Früchte unserer Arbeit sehen, dann sollen sie süß sein, ansprechend und segensreich. Wir wollen andere auf liebevolle Art erreichen, wie die Frau in Sprüche 31, die ihren Glauben in die Hände fließen ließ und die alle bereicherte, die sie berührte.

Manchmal ist das, was getan werden muss, so wenig ansprechend. Hilf uns, die Arbeit anzupacken, egal wie unangenehm sie ist. Denn wir sind überzeugt, dass du, wenn du uns beauftragst etwas zu tun, mehr im Sinn hast, als wir sehen können. Möge keine Aufgabe so klein oder so riesig sein, dass wir sie nicht entschlossen und voller Vertrauen in Angriff nehmen. Wenn wir zögern, dann erinnere uns an deine Hände, die von Nägeln durchbohrt waren und die du uns entgegengestreckt hast. Amen.

Die
Lippen
einer Frau

Demut in höheren Gefilden: Ester

Ich glaube, jedes kleine Mädchen träumt davon, eine Prinzessin oder Königin zu sein. Aber das Leben vertreibt solche märchenhaften Gedanken bald. Spätestens in der fünften Klasse wird uns klar, dass wir maximal Schönheitskönigin werden – und für die meisten von uns ist dieser Titel sowieso ähnlich unrealistisch wie jede andere königliche Würde.

Aber Königin für ein Jahr wäre ohnehin nichts für mich. Wenn ich es doch noch zur Königin bringen sollte, müsste es mit allem Drum und Dran sein. Und ich will auch richtig herrschen. Jawoll! Fragen Sie meine Kinder: Herrschen ist ein Hobby von mir. Das heißt, solange ich nicht zu müde bin oder die Umstände zu kompliziert oder zu anstrengend werden. In solchen Fällen reiche ich meine Krone großzügig an jemand anderen weiter.

Apropos weiterreichen: Königin Waschti gab ihre Macht und ihre Krone ab, als sie sich weigerte, dem Befehl von König Ahasveros zu gehorchen (So spricht der König!), in den Palast zu kommen und sich vor dem Volk und den Fürsten zu zeigen. Technisch gesehen gab sie ihre Krone eigentlich gar nicht weiter, sondern sie wurde ihr weggenommen. Grund für ihre Befehlsverweigerung war – so wird es zumindest angedeutet – die Tatsache, dass sie nicht nur ohne Krone, sondern ohne alles in der Öffentlichkeit über den Laufsteg schlendern sollte. Offensichtlich entschied sich der König in seinem angetrunkenen Zustand, dass das Volk und die angereisten Regierenden anderer Länder Waschtis Schönheit in ihrer ganzen Pracht bewundern sollten. Als die Königin sich weigerte zu erscheinen, erfolgte der Befehl: »Weg mit ihrer Krone!«

Zunächst mal ein Kompliment: »Hochachtung, Waschti!«
Sie wusste, was es bedeuten würde, dem Wunsch des Königs
nicht zu entsprechen: Sie setzte damit nicht nur ihre Krone,
sondern ihr Leben aufs Spiel. Sie wusste auch, dass seine Bitte
unklug und schädlich war und ihre Persönlichkeitsrechte ver-
letzte. Selbst wenn er von ihr verlangt hätte, *mit* Kleidern vor
der Menge auf und ab zu laufen, damit die betrunkenen Typen
ihren Männerphantasien freien Lauf lassen konnten, wäre es
degradierend gewesen. Sie traf die Wahl, die für sie richtig
war, und obwohl es ihren Thron kostete, wurde ihre persönli-
che Würde nicht kompromittiert. (Hm, das scheint mir doch
den einen oder anderen Gedanken wert, oder was meinen
Sie?)

Irgendwann wollte der König eine neue Königin für die frei
gewordene Stelle haben, und ein langwieriger Schönheits-
wettbewerb begann. Die Bedingungen waren einfach: Die
neue Königin sollte jung, schön und Jungfrau sein (klar!).
Unter den »Bewerberinnen« war Ester, eine wunderschöne
jüdische Frau, die seit dem Tod ihrer Eltern bei ihrem Onkel
Mordechai lebte. Nach dem Rat von Onkel Mordechai ließ sie
niemanden im Palast wissen, zu welchem Volk sie gehörte.

Als Teilnehmerin in der Endausscheidung war sie im Harem
untergebracht, wo sie darauf vorbereitet wurde, dem König
entgegenzutreten. Stellen Sie sich das mal vor: Sie bekam sieben Dienerinnen, die sich um ihre Bedürfnisse und Wünsche
kümmern sollten, und ein Jahr – das sind 52 Wochen; ich
meine, wir reden hier von 365 Tagen – Wellness-Center ver-
ordnet. (Ich brauche nur zwanzig Minuten zu baden, und ich
sehe aus wie eine Rosine! Damit hätte ich mich schon disqua-
lifiziert, schätze ich.)

Die Geschichtsschreiber berichten, dass Seine Majestät völlig aus dem Häuschen war, als er Ester sah, und sie bei der
nächsten Gelegenheit zur Königin machte. Aber schon bald
war die frisch gebackene königliche Hoheit in üble Intrigen
verwickelt. Haman, ein hochrangiger Offizier, hasste Mordechai offenbar und hatte beschlossen, die Gegend von Juden zu
säubern. Aber Haman wusste nicht, dass Mordechai der Onkel

der Königin war und dass Ester Jüdin war. Das klingt wie eine Seifenoper, oder?

Haman schaffte es, ein nicht umkehrbares Edikt zu erlassen, dass alle Juden (inklusive Frauen und Kinder) umgebracht und vernichtet werden sollten. So viel Hass in einem einzigen Herzen – und das nur, weil Mordechai es abgelehnt hatte, vor Haman niederzuknien.

Wie hochmütig, egozentrisch und krank ist das menschliche Herz, dass es von anderen verlangt, einen Menschen zu verehren: Seht mich an, erkennt mich an, ehrt mich, das Leben dreht sich nur um mich. Ein solcher Befehl kann nur tödlich enden.

Mordechai sandte eine Nachricht an seine Nichte Ester, dass sie zu dem König gehen und für ihr Volk eintreten solle. Esters erste Reaktion war furchtbare Angst, denn niemandem war es gestattet, ohne Einladung in die Gegenwart des Königs zu treten. Aber wenn man doch ungebeten dort erschien, dann konnte er sein goldenes Zepter erheben und dem Näherkommenden sicheren Zutritt zu seinem Thron gestatten.

Der König hatte schon seit einem Monat nicht mehr nach Ester geschickt. Als sie nun riskierte, sich ihm zu nähern, zitterten ihr sicherlich die Knie unter all ihren königlichen Roben.

Seine Majestät empfing sie, und als er sie fragte, was ihr Begehr sei, lud sie ihn zum Essen ein. Essen? Entschuldigung, aber hier sollten Menschen sterben – und da wollte sie gepflegt dinieren? Wenn ich sie gewesen wäre, und wenn er mich nach meinem Anliegen gefragt hätte, hätte ich ihn ganz sicher mit einem Wortschwall überschüttet und ihm jedes noch so kleine Detail meines Problems unter die Nase gerieben. Ester jedoch biss sich auf die Lippen und wartete, vorsichtig und betend, auf Gottes richtigen Zeitpunkt. Und als Esters Zeit gekommen war, den Mund aufzumachen, lief alles nach Plan, eingeschlossen die Leiche Hamans, die von demselben Galgen hing, an dem seiner Meinung nach Mordechai hätte hängen sollen.

Wenn ich Ester ansehe, bin ich richtig stolz, eine Frau zu sein. Sie war weise genug zu warten und dann hatte sie genug

Mut zu reden. Es ist ganz schön schwierig das Gleichgewicht zwischen beidem zu wahren. Esters Lippen sprachen im richtigen Moment die Wahrheit. Was für eine Macht hat das rechte Wort zur rechten Zeit!

Wenn ich mir als Kind vorstellte, wie es wäre, eine Prinzessin zu sein, dann dachte ich nie an die Kosten, sondern nur an die Vorteile. Ich wollte anderen Befehle erteilen, nicht vor dem König niederknien. Ich wollte im Whirlpool liegen und nicht eine Gratwanderung veranstalten. Ich erträumte mir ein Leben voller Ruhm und Leichtigkeit, nicht voller Verantwortung und Demut. Hm, ich frage mich, ob das der Grund ist, warum wir in der Bibel aufgefordert sind, »das kindliche Wesen abzulegen«. Wenn ich mich wie ein Kind verhalte, rede ich so, als würde sich im Leben alles nur um mich drehen. Und das öffnet Ärger, Bitterkeit und Feindschaft Tür und Tor. Dann werde ich hochmütig wie Haman, anstatt demütig wie Ester.

Will ich hängen oder herrschen? Das ist keine schwierige Entscheidung, aber der Weg dorthin ist es vielleicht. Der hohe Preis dafür, königlich zu sein und gleichzeitig die eigene Würde zu wahren, ist, dass der Weg zum Palast manchmal gefährlich ist, dass es für den Thron Mitbewerber geben wird und dass die Krone manchmal Dornen hat.

Ausdrucksstark
oder: eloquent, beredt, prägnant

Alles, was auf der Erde geschieht, hat seine von Gott
bestimmte Zeit: ... zerreißen und zusammennähen,
schweigen und reden. (Prediger 3,1+7)

Jene von Ihnen, die Ester gut kennen, fragen sich vielleicht, warum ich die zurückhaltende Königin als Beispiel für Ausdrucksstärke nehme, und nicht beispielsweise die Marta im Neuen Testament. Marta hatte tatsächlich was zu sagen, besonders wenn die Dinge nicht so liefen, wie sie wollte. Ich finde nur, sie ist ein wenig – wie soll ich sagen – überschwänglich, und deshalb schätze ich eine etwas zögerliche, aber heldenhafte Frau wie Ester mehr. Sie wartete auf den richtigen Moment und setzte dann die Waffe ihrer Worte treffsicher ein. Ich neige dazu, loszuballern und oft danebenzuliegen. Dann sage ich Dinge, die entweder besser ungesagt geblieben wären oder die ich besser zu einem anderen Zeitpunkt gesagt hätte. Das Warten war weise und Esters Worte waren es auch. Deshalb ist sie meine Favoritin für den »Wunderbar Weibliche Worte Wettbewerb«.

Im Ernst: Frauen, die ihre Reife dadurch zeigen, dass sie ihre Worte genau abwägen und sie angemessen verteilen, beeindrucken mich sehr. Ich bin eher der ungeduldige Typ, der mit der Tür ins Haus fällt. Das ist zwar manchmal erfrischend, aber zuweilen überrumpele ich andere damit, denn Direktheit kann nicht nur überraschen und entwaffnen, sondern auch verletzen. Weil ich gelernt habe, wie misstönend die Wahrheit manchmal sein kann, lasse ich Menschen nun eine Rückzugsmöglichkeit, damit sie sich vor meinen stimmgewaltigen

Schlägen schützen können. So befreiend die Wahrheit auch sein kann – sie hat auch die Macht, einzuschüchtern, zu verängstigen und Schmerz beizufügen, und das sollte niemals unser Ziel sein.

Früher, als ich noch die Angewohnheit hatte, den anderen die Wahrheit einfach um die Ohren zu hauen, dachte ich, wenn jemand mit meiner Ehrlichkeit nicht umgehen kann, dann sei das sein Problem. Aber als der Spieß umgedreht wurde und ich diejenige war, die versuchte den Geschossen der anderen auszuweichen, da merkte ich, wie verletzlich ich selbst bin, und fing an meine Einstellung noch einmal zu überdenken. Ich sage Ihnen, nichts ist geeigneter, um Kopf und Herz zu verändern, als die eigene Erfahrung!

Ich bin noch lange nicht fertig damit, den vorsichtigen und liebevollen Gebrauch meiner Worte zu üben. Manchmal bin ich immer noch schnell dabei, etwas Unfreundliches zu sagen, einfach, weil ich einen schlechten Tag habe. Vor ein paar Tagen habe ich meinen Mann angefaucht, weil er mich fragte, was ich zum Abendessen geplant hätte. Seine Frage war angemessen und unschuldig, aber ich war genervt, mein Schreibtisch schwankte unter unerledigter Post, ein Abgabetermin war schon überschritten und er kam mit noch einer Forderung. Er hatte vor mich zum Essen einzuladen, und wollte nur wissen, ob mir das passen würde. Nach meiner charmanten Reaktion ist es ein Wunder, dass er im Restaurant nicht um getrennte Tische gebeten hat.

Die Bibel gibt uns zu bedenken, dass der Mund überfließt von dem, was im Herzen ist, und das sollte einigen von uns eine Warnung sein, zu einem Herzspezialisten zu gehen. Der, der uns geschaffen hat, wird uns bereitwillig untersuchen, eine Diagnose stellen, operieren und unsere verwundeten, zerbrochenen oder verstopften Herzen heilen. Der Herr wartet nur darauf, dass wir die Einverständniserklärung unterschreiben.

Ester war darum gebeten worden, den Mund aufzumachen, als es leichter gewesen wäre, ihn zu halten. Ich finde die Antwort der Königin, die sie auf ihre eigene bedrohliche Situation fand, einfach genial: Erst fastete und betete sie und dann bat sie andere, dasselbe zu tun. So näherte sie sich dem König, als sie mit der Bitte zu ihm ging, ihr Volk vor der Vernichtung zu bewahren, auf Gottes Weise und unter seiner schützenden Hand.

Ihr erstes Gespräch mit dem König war kurz und einladend. Sie klang weder hysterisch noch verzweifelt, sondern lud ihren Mann zu einem privaten Abendessen ein, das sie für ihn und Haman bereitet hatte. Der König tat ihr den Gefallen, und noch am gleichen Abend genossen die beiden Herren gemeinsam ein leckeres Essen.

Nach dem Essen bot der König Ester an, ihr jeden Wunsch zu erfüllen, den sie äußern würde – und sei es das halbe Königreich. (Das muss ein Festmahl gewesen sein – davon hätte ich gerne das Rezept!) Das Angebot des Königs entsprach in etwa dem eines reichen Mannes, der seiner Frau eine neue Kreditkarte in die Hand drückt und ihr sagt, sie könne sich alles kaufen, was ihr zu ihrem Glück fehlt.

Doch statt ihr Anliegen kundzutun, lud sie die beiden Männer für den nächsten Tag wieder zum Essen ein. An dem folgenden Abend, nachdem das Essen vorbei war, trug sie dem König ihr Anliegen vor. Und was dann passierte, ist meine Lieblingsstelle: Der König bat Ester um Rat, wie man das Problem in ihrem Interesse lösen könnte. Das war das Stichwort für sie, ganz offen zu sprechen, und sie sagte dem König genau, was sie wollte. Er sah die Weisheit ihrer Worte und gewährte ihre Bitten.

Wahnsinn! Das Auslöschen einer ganzen Nation wurde abgewendet, weil eine einzige Frau genau wusste, wann sie zu schweigen hatte und wann sie reden musste, wann sie ihre Lippen versiegeln und wann sie sie öffnen sollte. Und was noch wichtiger ist: Sie trat zuerst vor den König der Welt, bevor sie sich auf den Weg machte zu König Ahasveros.

Und das, egal, ob wir besonders beredte Frauen sind oder nicht, müssen wir vor allem tun: uns an den König Jesus wenden. Er wird uns helfen zu erkennen, wann wir schweigen sollen, welche Bedürfnisse ausgesprochen werden sollen und wann sie ausgesprochen werden sollen. Und dabei wird er sowohl unsere Motive prüfen als auch unsere Herzen verändern.

Ich finde es wunderbar, meinen Gefühlen und Gedanken Ausdruck verleihen zu können, besonders wenn ich um den Rat des Herrn bitte. Denn nur er kann mich und andere (z.B. meinen Mann) vor den Fallen und Fußangeln in meinem Innern bewahren. Und das Beste ist: In seine Gegenwart kann ich immer kommen, ohne vorherige Einladung und ohne darauf warten zu müssen, dass er sein goldenes Zepter wohlwollend erhebt. Unser König hat immer Zeit, mit uns zu essen.

Oh, ich glaube, da ist er schon ... es klopft gerade an der Tür.

Vorzüglich
oder: auserwählt, erlesen, unvergleichlich

Was sie redet, zeugt von Weisheit;
mit freundlichen Worten gibt sie
Anweisungen und Ratschläge.
(Sprüche 31,26)

Jung, wunderschön und Königin – was für ein vorzügliches Leben! Aber das Leben ist selten wirklich so, wie es aussieht, oder? Esters königliche Existenz wurde durch einen Konflikt schwer erschüttert. Haman hatte dem König ein Gesetz untergejubelt, das die Zukunft von Ester, Mordechai und allen Juden auslöschen würde – es sei denn, jemand schritt ein. Wenn Ester dem Rat ihres Onkels folgte und ihr Anliegen ungebeten dem König vortrug, dann wäre damit das Ende ihres Lebens als Königin oder sogar das Ende ihres Lebens überhaupt besiegelt. Wenn sie gar nichts sagte, dann bedeutete das sowieso ihr Ende und das ihrer Verwandten. Was für eine Alternative: zu sterben oder ... zu sterben.

Der König hatte schon gezeigt, dass er intolerant sein konnte, denn mit einem Wink seines Zepters hatte er die alte Königin um ihren Posten gebracht. Daran erinnerte sich Ester bestimmt, als ihr Onkel sie aufforderte, gegen das Gesetz des Königs den Mund aufzumachen.

Das arme Mädchen hatte ein Problem. Sie war es von Kindheit an gewohnt, ihrem Onkel zu gehorchen, aber mit dem jetzigen Auftrag setzte er ihr Leben aufs Spiel. Es ist nicht verwunderlich, dass sie zögerte. Kein Wunder, dass sie fastete und betete. Und doch, es verwundert auch nicht, dass sie schließlich gehorchte.

Es gibt einige Hinweise, die auf die Beziehung zwischen Ester und ihrem Onkel Mordechai deuten. Ihre Eltern waren gestorben, und Mordechai hatte sie in sein Haus geholt, um sie großzuziehen. Dass er sie wie eine Tochter behandelte, sagt eine Menge über ihn aus, denn junge Frauen waren in jenen Tagen keineswegs so hoch im Kurs wie Männer.

Als Ester in den Harem des Königs geschoben wurde, um ein Jahr mit Schönheitsvorbereitungen zu verbringen, positionierte sich der gute Onkel außerhalb des Harems, damit er regelmäßig etwas über ihr Wohlergehen erfuhr. Mordechai schritt vor dem Harem auf und ab und wartete darauf, dass jemand herauskommen möge und ihm etwas über sein geliebtes Mündel mitteilen konnte. Das klingt für mich ganz wie ein besorgter Papa.

Und ich glaube, auch Ester hing an ihrem Onkel. Als Mordechai sich vor Trauer über das Edikt des Königs mit Asche bedeckte, hatte Ester Angst um ihn. Sie hatten ganz offensichtlich eine sehr starke und liebevolle Beziehung zueinander. Und es ist nicht verwunderlich, dass sie schließlich auf Mordechais Bitte einging, denn dieser Mann liebte nicht nur sie und sein Volk, sondern er liebte auch Gott.

Und doch brauchte es ein paar klare Worte ihres Onkels, damit sie ihr anfängliches Zögern aufgab und ins Gebet ging. Hier noch einmal Mordechais Ermahnung an Ester:

»Denk nur nicht, dass du im Königspalast dein Leben retten kannst, wenn alle anderen Juden umgebracht werden! Wenn du in dieser Stunde schweigst, wird den Juden von anderswoher Hilfe und Rettung kommen. Aber du und deine Familie, ihr habt dann euer Leben verwirkt und werdet zugrunde gehen. Wer weiß, ob du nicht genau um dieser Gelegenheit willen zur Königin erhoben worden bist?« (Ester 4,13-14)

Was für eine aufrüttelnde Erinnerung für uns alle. Gott braucht uns nicht, aber wir brauchen ihn unbedingt. Er könnte von jetzt auf gleich jemand anders an unsere Stelle setzen. Und wenn Gott uns in seine göttlichen Pläne Einblick nehmen lässt, obwohl wir uns ihm ständig widersetzen – fragen Sie sich dann nicht auch, warum? Ich bin jedenfalls froh, dass Gott gnädig ist und eine solche Geduld hat.

Als Ester voller Selbstaufgabe zu ihrem Gott ging, gab er ihr die Worte, die sie sagen sollte; erlesene Worte der Weisheit, die die Zukunft ihres Volkes entscheidend beeinflussen würden. Und ihre Bereitschaft, den passenden Moment abzuwarten, zeigt ihr vorzügliches Gespür für den richtigen Zeitpunkt. Sie versuchte nicht, die Macht an sich zu reißen oder andere mit ihrer Meinung zu manipulieren. Stattdessen gab sie im richtigen Moment göttlichen Rat weiter, und weil sie nicht überheblich war, konnten andere ihn anhören und annehmen.

Ich hörte einmal, wie eine Angestellte eine Kollegin ganz furchtbar anschrie. Und obwohl das, was sie sagte, stimmte, verspielte sie mit der Art, wie sie es vorbrachte, den Respekt der anderen ebenso wie ihre Beförderung. Barmherzigkeit siegt am Ende immer über Unverschämtheit.

Genau wie in Esters Situation gibt Gott uns die Gelegenheit, Wahrheiten zu sagen, die unsere Umwelt verändern können. Wir haben die Chance, unser eigenes vorzügliches Timing und Mitgefühl zu zeigen.

Für uns Frauen, die wir oft sehr emotionale Wesen sind, ist es eine echte Herausforderung, Geduld zu haben und Dinge reifen zu lassen. Ich weiß, dass meine Mutter lange Zeit dachte, ihre Worte stießen bei uns Kindern auf taube Ohren. Mein Bruder, meine Schwester und ich – wir alle schienen unsere eigenen Wege zu gehen. Aber einer nach dem anderen kamen wir auf den Weg zurück, den sie uns vorausgegangen war. Und plötzlich verstanden wir die Worte des Liedes, das wir aus dem Mund unserer Mutter immer wieder gehört hatten: *Welch ein Freund ist unser Jesus.* Und wir vertrauten unser Leben diesem Jesus an.

Vielleicht hat Gott auch Sie ausgewählt, jemandem eine Botschaft mitzugeben, Worte zu sagen, die sein Herz berühren. Wer auch immer dieser Jemand ist, ob ein Ihnen nahe stehender Mensch oder eine Nachbarin oder ein

Vorgesetzter – denken Sie daran: Ester und Mordechai beteten beide fieberhaft, bevor sie den Mund aufmachten. Wenn Sie gebetet haben und dann immer noch wissen, dass Sie Ihre Botschaft loswerden sollen, dann tun Sie das mit dem Timing des Herrn und in seiner Liebe. Denn wer weiß, vielleicht sind Sie genau aus dem Grund da, wo Sie jetzt sind!

Ich verbrachte einmal ein Wochenende bei meiner Freundin Ginny, die gerade ziemliche Beziehungsprobleme hatte. Als ich mich abends in mein Zimmer zurückzog, hatte ich den Eindruck, dass Gott mir etwas Wichtiges gezeigt hatte, was Ginny bei ihrem Problem helfen würde. Aber ich zögerte, mich in ihre Beziehung einzumischen. In dieser Nacht träumte ich davon und am nächsten Morgen wachte ich auf und konnte an nichts anderes mehr denken. Ich zögerte immer noch, denn ich wollte nicht, dass meine Freundin sich bedrängt fühlte. Also betete ich und bat Gott um Weisheit und Leitung.

Danach war ich mir sicher, dass ich das Thema zur Sprache bringen sollte. Ich ging zum Frühstück hinunter, und kaum hatte ich Ginny einen guten Morgen gewünscht, begann sie selbst davon zu sprechen. Ich sagte vorsichtig: »Ich glaube, ich habe etwas erkannt, was dir helfen kann.« Ginny brach in Tränen aus, und ich machte sofort einen Rückzieher: »Entschuldigung, Ginny, wenn du nicht willst, brauchen wir nicht darüber zu sprechen.«

Ginny wischte ihre Tränen ab und sagte: »Nein, ist schon in Ordnung. Heute Morgen hat Gott mir im Gebet gezeigt, dass er dich gebrauchen würde, um mir zu helfen. Ich bin froh darüber – bitte sprich weiter!«

Behutsam und doch ehrlich sagte ich ihr, was ich beobachtet hatte, und sie hörte mir zu. Das, was unsere Freundschaft hätte gefährden können, wurde auf wunderbare Weise befreiend, weil sie offen war für die Wahrheit. Wenn ich daran denke, dass ich beinah einen Rückzieher gemacht hätte! Aber weil Ginny so entschlossen war zu wachsen, konnten wir Gott folgen – und das wurde zu einem Wendepunkt in Ginnys Lebensumständen.

Wir erinnern uns oft an diese Situation, als ich eine so zögerliche Botschafterin war und sie eine tastende Zuhörerin. Und daran, wie treu Gott uns beiden war. Ich stelle mir gerne vor, dass er uns beide an diesem Tag für vorzüglich hielt – nicht perfekt, aber durch Gottes liebevolle Augen betrachtet ohne Fehler und ausgewählt –, weil wir so hart daran gearbeitet hatten, über unsere Unzulänglichkeiten hinauszuwachsen. Welch ein Freund ist unser Jesus, welch ein unvergleichlicher Freund.

28

Teuer
oder: lieb, wert, kostspielig, aufwändig

Wie goldene Äpfel auf silbernen Schalen,
so sind treffende Worte im richtigen Augenblick.
(Sprüche 25,11)

Haben Sie jemals daran gedacht, dass Ihre Worte einen Preis
haben, dass sie teuer sind? Dass das, was Sie sagen, Sie
womöglich viel kostet, und im Übrigen auch anderen ganz
schön was abverlangen kann? Ein unangebrachter oder un-
überlegter Satz hat schon so manchen Menschen um eine
Gehaltserhöhung, eine Beförderung oder sogar um den Job
gebracht. Ein missverstandener Kommentar oder gedankenlo-
ser Tratsch hat Menschen ihre Beziehungen zu Freunden, Verwandten oder sogar zu ihrem Partner gekostet. Muss ich noch
Äußerungen erwähnen, die Rivalitäten, Auseinandersetzungen
oder sogar ganze Kriege ausgelöst haben?

Manche Menschen merken, dass die Worte »Ich will« viel
mehr kosten, als sie zu investieren bereit sind. Und wie ist es
mit »Es tut mir Leid«? Die können unserem Stolz eine gehöri-
ge Beule verpassen, und Sie wissen ja, wie teuer heutzutage
Reparaturen sind! Und dann noch die Worte »Ich kündige!«
Dieser Satz kann das Einkommen mächtig schmälern. Es
besteht kein Zweifel: Worte können teuer sein.

Dies ist das Dilemma: Viele von uns sind von Natur aus aus-
drucksstark, und manches von dem, was wir zu sagen haben,
ist vorzüglich und sollte auch ausgesprochen werden. Aber ein
viel größerer Teil unserer Worte wird einfach in die Atmosphäre hinausgespuckt, ohne dass es nötig gewesen wäre.

Wenn wir jedes Wort, das wir laut aussprechen, erst erwerben müssten, dann würden wir sicher besser damit haushalten. Ich wette, das würde leeres Gerede, grausamen Tratsch, ärgerlichen Streit und ungeistliche Kommentare mächtig reduzieren. Es könnte sogar die ellenlangen Verkaufsgespräche, die lästigen elterlichen Predigten und die endlosen Forderungen unseres Chefs drastisch verkürzen. Das wäre doch mal eine Idee! Wie fänden Sie es, wenn ein Satz, sagen wir, zwanzig Euro kosten würde und ein Vokal fünf Euro? Und jeder, der dabei ertappt wird, dass er mehr als hundert Wörter in einer Viertelstunde von sich gibt, muss eine Äußerungsgebühr bezahlen.

Obwohl ... wenn ich es mir recht überlege, lege ich mir da selbst einen Maulkorb an. Ich rede nämlich für mein Leben gern. Ehrlich gesagt, hat es auch schon Gelegenheiten gegeben, wo ich hemmungslos geplappert habe. Und in einigen Fällen bricht mein Redeschwall wie ein Monsunregen über meine Mitmenschen herein. Ich habe gelesen, dass Frauen ein größeres Bedürfnis haben sich auszudrücken als ihre männlichen Gegenstücke (Nicht, dass es irgendwelche Studien brauchte, um mir das klar zu machen!). Und wir neigen dazu, mehr Wörter zu benutzen als Männer, um dieselbe Sache zu sagen (Das wird die Männer ebenfalls kaum überraschen).

Der Mann meiner Freundin sagte ihr mal, sie rede wie eine kommentierte Bibelausgabe: Wo ein Wort genüge, benutze sie vier. Ich weiß nicht, ob er das als Kompliment gemeint hat, oder ob es einfach eine neutrale Aussage war. Aber wie meine Freundin liebe auch ich Worte. Wenn es einen Wortpolizisten gäbe, der unsere Wortfülle kontrollieren würde, wären wir beide mit unserem Konto ständig im Minus oder pleite.

Die wunderbar weibliche Gabe sich auszudrücken kann entweder eine tolle Chance sein oder eine vernichtende Waffe. Ich habe herausgefunden: Je mehr ich rede, desto größer ist die Gefahr, dass mir etwas Unangebrachtes, Unfreundliches oder Unnötiges entschlüpft. Deshalb scheint mir ein vorsichtiger Umgang mit Worten eine gute Idee zu sein, besonders für überschwängliche Typen wie mich.

Kein Mensch findet es merkwürdig, dass man jahrelang eifrig üben muss, bevor man ein Konzert in der Philharmonie geben kann. Und wir halten es für ebenso natürlich, dass man unzählige Male vom Eis aufgestanden sein muss, wenn man bei der Weltmeisterschaft einen doppelten Lutz springen will. Warum also sollten wir überrascht sein, dass wir Stille üben müssen, wenn wir, die wir gern viele Worte machen, sparsamer damit umgehen wollen?

Ich habe neulich von einem Schauspieler gehört, der einmal in der Woche vierundzwanzig Stunden lang nicht spricht. Ich war beeindruckt. Wenn ich so lange still wäre, würde sich alles Ungesagte in mir aufstauen, bis ich explodieren müsste. Ich stelle mir das bildlich vor ... meine Familie will sich meine Stilleübung ansehen und findet nur noch Wörter im Raum verteilt.

Ich glaube, Wortfasten wäre gesund und hilfreich. Ich weiß allerdings auch, so wie Ester, dass ich vorher mit Gott reden und auf ihn hören muss, wenn ich eine wortgewandte Frau werden will. Eine Frau, die bereit ist, den Preis zu zahlen, dumme Spekulationen, leeres Geschwätz und streitlustiges Zanken bleiben zu lassen. Eine Frau, die weiß, wie man die Wahrheit in Freundlichkeit verpackt, so dass es für andere leichter wird, sie anzunehmen und auszuwickeln. Eine Frau, die entschlossen ist, ihre unzähligen Kommentare über Menschen und Dinge für sich zu behalten, und sich lieber für das Wohlergehen ihrer Familie, ihrer Gemeinde und ihrer Umwelt entscheidet.

Esters Lektion in Sachen Redekunst ist eine sanfte Erinnerung daran, dass wir unsere Zunge im Zaum halten und dafür unsere Ohren spitzen sollten. Lassen Sie uns durch das Palastfenster gucken und die Weisheit von Königin Ester in uns aufnehmen! Sie hat sie sich einiges kosten lassen und das zahlt sich auch heute noch für diejenigen aus, die von ihr lernen wollen.

Wissen Sie, was toll ist an der Tatsache, dass wir so teuer sind? Dass wir zu einem unglaublich hohen Preis erkauft worden sind. Das Wort *teuer* legt ja nahe, dass ein Gegenstand mehr kostet, als er eigentlich wert ist. Aber wir sind Gott so lieb und teuer, dass er es sich seinen eigenen Sohn hat kosten lassen, uns zu retten. Wenn das nicht wert ist, von den Palasttürmen verkündet zu werden!

Ganz und gar verfügbar: Ein Gebet

Herr, ich bin erstaunt und dankbar, dass du mit uns reden willst. Und ehrlich gesagt weiß ich manchmal gar nicht, wie du überhaupt zu Wort kommst. Stille unser Bedürfnis, die Luft unablässig mit Geplauder zu füllen. Öffne unsere zögerlichen Lippen, wenn wir deine gute Nachricht weitergeben sollen.

Ester war vorsichtig und zugleich mutig. Sie war still und doch freimütig. Sie war jung und trotzdem weise. Und du hast sie als deine Botschafterin gebraucht, um ein Volk zu retten. Wie willst du uns gebrauchen?

Du hast uns die Sprache gegeben, damit wir unsere Gefühle für uns und andere ausdrücken können. Mögen wir sensibel sein für die Leitung deines Geistes, damit wir sowohl unsere Füße als auch unsere Worte richtig setzen. Lehre uns, die Sprache deiner Liebe zu sprechen und unsere Worte sorgfältig auszuwählen, damit das, was über unsere Lippen kommt, anderen hilft zu lernen, zu wachsen und ihr Leben zu feiern. Amen.

Der
Verstand
einer Frau

Gedankenfutter: Debora

Ich hab mir schon oft vorgestellt, wie es wäre, wenn ein Baum nach mir benannt würde ... am liebsten ein großer, stattlicher Baum. Na ja, dafür bin ich wahrscheinlich zu klein. Auf keinen Fall würde ich wollen, dass sich eine Zitterpappel mit meinem Namen schmückt, das wäre viel zu offensichtlich bei meiner Hibbeligkeit. Eine Trauerweide ginge auch nicht – das würde zu sehr an meine Neigung erinnern, herumzujammern. Ich höre schon die Kommentare: »Sehen Sie sich die Heulsuse an – sie liegt heulend unter der Trauerweide.« Nein, lieber nicht. Oh, ich weiß: Wie wäre es mit einem Apfelbaum? Er trägt Früchte, aber die sind nicht zu jeder Zeit genießbar. So ähnlich bin ich auch. Manchmal habe ich eine bunte Palette an gesunden Gaben für andere und manchmal bin ich nur sauer.

Diese Sache mit dem Baum fing an, nachdem ich gelesen hatte, dass eine Palme nach der alttestamentlichen Debora benannt worden war. Diese Frau saß unter der Deborapalme, und die Leute stellten sich an, um sich Rat von ihr zu holen. Habe ich schon mal erwähnt, wie gerne ich anderen Ratschläge gebe? Das ist so viel leichter, als Rat anzunehmen. Vielleicht könnte man auch nach mir eine Palme benennen: Patsy-Palme. Das klingt irgendwie nicht so würdevoll wie »Deborapalme«, oder? Auch egal.

Diese Debora jedenfalls war in einer besonderen Zeit für das Volk Gottes Richterin und Prophetin. Wie es aussieht, konnten die Israeliten sich nicht benehmen, und so hatte Gott ihren Feinden erlaubt, sein Volk zu überwältigen. Die Männer hatten ihre Zuversicht und folglich ihre Berufung verloren.

111

Das war der Zeitpunkt, als Gott eine Frau zur Richterin über Israel machte. Und Debora stellte sich als echter Lichtblick in dieser dunklen, trostlosen Ära heraus.

Ich finde es phantastisch, dass Debora den nötigen Mumm und die geistige Größe hatte, die sie in ihrer Situation brauchte. In einer Kultur, die Frauen oft jegliche Intelligenz absprach und ganz sicher etwas dagegen hatte, dass sie Führungspositionen innehatten, war die Berufung zur Richterin, gelinde gesagt, eine Herausforderung. Aber wenn wir Deboras Werdegang verfolgen, sehen wir ihre Flexibilität und Intuition, ihre Intelligenz und ihre Standhaftigkeit ebenso wie die Früchte ihres Handelns. Sie füllte ihre Position gekonnt aus und nutzte ihre geistige Beweglichkeit, ihren gesunden Menschenverstand und Gottes Gnade.

Wie viele von uns war Debora eine Frau mit einer Fülle von Aufgaben, von denen die meisten viel Flexibilität erforderten. Sie war Ehefrau, Prophetin, Richterin, Kriegerin, Autorin und Sängerin (puh, da kriegt man ja Komplexe ...). Wie sie das alles schaffte, ist mir schleierhaft. Aber es gibt Tage, da wundere ich mich auch über das, was ich oder meine Freundinnen alles bewältigen. Anscheinend sind wir eine emsige Generation und schwirren wie Bienen in alle Richtungen aus.

Und das ist die Herausforderung für uns: unserer von Gott gegebenen Berufung zu folgen, das Nötige zu tun und doch dabei sanft zu bleiben. Ich meine nicht lasch und weinerlich, sondern sanftmütig. Die wirklich hart arbeitende Debora hat sogar nach den Strapazen eines Kampfes noch ein Lied auf den Lippen. Keine Trauergesänge, sondern ein Lied über Stärke und Sieg.

Von allen Rollen, die Debora hatte, überrascht mich die der Kriegerin am meisten. Als Barak, der Anführer der Armee, durch Deboras Worte von Gott den Befehl erhielt, den Feind anzugreifen, lehnte er es ab, ohne Debora loszuziehen. Sie willigte ein und stand Barak zur Seite, bis der Feind besiegt war. Der Sieg war ein Wunder: Gott ließ einen heftigen Regen niederprasseln, der dafür sorgte, dass die eisernen Wagen der Feinde im Schlamm stecken blieben. Während die Männer versuchten, die Räder zu befreien, stürmte Barak mit seiner Armee von den Bergen herunter und beendete so die tyrannische Herrschaft seines Gegners.

Stellen Sie sich das mal vor: eine Frau als zweiter Befehlshaber für zehntausend Männer, die einem mächtigen und gut ausgerüsteten Feind gegenüberstanden. Die Israeliten hatten noch nicht einmal Waffen, bis sie den Gegnern welche abgenommen hatten! Aber was die Israeliten hatten, war Debora, eine extrem clevere Anführerin, die Gott gehorchte, indem sie ging, wohin er sie haben wollte – sogar in den Kampf. Was für eine Frau!

Vielleicht stecken Sie gerade mitten im Alltagskampf. Vielleicht hat das Leben Berge von Schwierigkeiten vor Ihnen aufgehäuft, und Ihre Mitmenschen tun sich schwer Ihnen zu helfen, wollen nichts damit zu tun haben, oder sind Ihnen sogar feindlich gesonnen. Kopf hoch, das ist kein Grund die Flinte ins Korn zu werfen. Denn der, der uns selbst schwierigste Aufgaben zumutet, rüstet uns auch mit dem nötigen Know-how für den Kampf aus. Er wird seine Weisheit und unsere Intelligenz, seine Herrschaft und unsere Umstände gebrauchen, um unseren Charakter zu stärken und uns eine Siegeshymne zu entlocken. Das ist doch wohl Gedankenfutter, oder?

Wenn ich es recht bedenke, bin ich wohl noch nicht weit genug, als dass ein Baum nach mir benannt werden könnte. Aber vielleicht eine Wiesenblume?

Flexibel
oder: geschmeidig, aufnahmefähig, belehrbar

Er stützt alle, die zusammenbrechen,
er richtet die Niedergebeugten auf. (Psalm 145,14)

Mir ist aufgefallen, dass Frauen, die wegen finanzieller Einschränkungen, körperlicher Behinderungen, mangelnder Qualifikationen oder herrschender Vorurteile von der Gesellschaft benachteiligt wurden, oftmals diejenigen sind, die später in irgendeiner Form die Führung übernehmen. Anstatt zu verbittern, verlassen sie sich auf eine höhere Macht, die ihnen Recht verschafft, und sie werden besser, reifer, stärker und sanfter. Was wir gegen Menschen verwenden, gebraucht Gott uns zum Trotz. Er hat uns ein flexibles Wesen und einen aufnahmefähigen Geist mitgegeben, so dass wir uns, auch wenn wir niedergedrückt wurden, zu Gottes Zeit wieder erheben können.

Kinder zu bekommen ist ein Beweis für die Flexibilität von Frauen, denn nichts ist schmerzhafter als eine Geburt, und doch stehen wir Mädels danach wieder auf. Obwohl ich während meiner ersten Wehen ganz sicher war, dass ich nie wieder würde kriechen können, geschweige denn gehen.

Und wo wir gerade vom Kinderkriegen reden: Wenn die Dehnbarkeit der Haut kein Zeichen für Flexibilität ist! Im siebten Monat war die Haut über meinem Bauch so gespannt, dass ich dachte, mein Baby würde durch eine Explosion zur Welt kommen. Als Marty dann geboren war, sprang mein Körper überraschenderweise wieder in seine alte Form zurück. Na ja, vielleicht ist »springen« nicht ganz das richtige Wort, aber irgendwann sank er in eine Form zurück, die ich nicht länger unter zirkuszeltartigen Gewändern verstecken musste.

Debora war auch Mutter und verstand etwas von Geburtswehen. Ich weiß nicht, ob sie eigene Kinder geboren hat, aber ich weiß, dass sie die Mutter Israels wurde. Ich weiß das, weil sie in ihrem wunderbaren Lied nach dem Kampf davon erzählt. So sind wir Mütter: Wir singen für unsere Kinder. Wir sind bekannt für unsere Gutenacht-Lieder, die das Baby mit Blähungen beruhigen, und singen Kinderlieder mit lustigen Geschichten und wir singen Lieder von Gott, die das kleine Herz lehren und trösten.

Aber Deboras Lied war mehr als das. Es war ein Kampflied und eine Siegeshymne zugleich. Nachdem sie Gottes unglaubliche Macht erlebt hatte, machte sie sich daran ein Lied zu dichten, das sie diesem Gott zur Ehre sang. Mit dem Lied wollte sie ihn ihren Kindern, den Israeliten, wieder ins Gedächtnis rufen, damit sie Gott nie vergessen würden, der ihre Schlacht für sie geschlagen und ihren Feind besiegt hatte.

Genau wie eine Mutter malte Debora ein Bild vor dem geistigen Auge ihrer Kinder, das ihnen helfen sollte, aus dem Leben zu lernen. Sie erinnerte sie daran, dass ihre verstockten Herzen der Grund waren, warum der Krieg über sie hereinbrach und sie noch nicht einmal einen Schild oder Speer hatten, um den Feind zu bekämpfen. Wie eine Mutter jubelte sie über die belehrbaren Herzen ihrer Kinder, als sie sich endlich entschlossen, das Richtige zu tun. Und genau wie eine Mutter erinnerte sie ihre Kinder daran, dass sie, egal, was sie im Leben erreichen würden, ob sie auf einem weißen Esel reiten oder barfuß gehen würden, immer den Liedern lauschen sollten, in denen Menschen von den gerechten Taten Gottes erzählten.

Deboras Lied ist voll von Gottes Treue. Und es klingt auch etwas von der menschlichen Flexibilität darin an. Die Israeliten waren von ihren eigenen Sünden niedergedrückt, aber sie hörten auf Gottes Weisheit, die sie durch die Worte ihrer »Mutter« vernahmen, und folgten wieder dem Herrn. Woher wir das wissen? Weil, nachdem der letzte Ton des Liedes verklungen ist, ein schlichter, aber entscheidender Satz fällt: »Nach dem Sieg Baraks über die Kanaaniter herrschte vierzig Jahre lang Frieden im Land.« Das, meine Lieben, ist ein wahres Wiegenlied.

Wie heftig auch Ihre Schlachten sein mögen und egal wie ausgekocht Ihr Feind ist, Gott wird Sie in das Land des Friedens bringen. Bleiben Sie standhaft, seien Sie treu im Glauben, kämpfen Sie tapfer, singen Sie ein Lied zu Gottes Ehre und erleben Sie, wie er Sie erretten wird!

Intuitiv
oder: instinktiv, ahnungsvoll, feinfühlig

Du hast mich geschaffen mit Leib und Geist,
mich zusammengefügt im Schoß meiner Mutter.
Dafür danke ich dir, es erfüllt mich mit Ehrfurcht.
(Psalm 139,13-14)

Als ich im Einkaufszentrum war, ging ein Alarm los. Jeder in meiner Nähe drehte sich um und sah in die Richtung, aus der der Laut kam. Man konnte eine Frau mit hochrotem Kopf sehen, die hilflos ihr Paket anstarrte. Der Verkäufer hatte vergessen, die Sicherung von einem erworbenen Kleidungsstück zu entfernen, und die hatte den Alarm ausgelöst, als sie den Laden verließ.

Intuitiv zu sein ist, als hätte man eine solche eingebaute Sicherung, einen Sensor, der im Zweifelsfall Alarm schlägt. Wir Frauen spüren oft Dinge, die von Männern nicht wahrgenommen werden, und in der Regel bezieht sich unsere Intuition auf andere Menschen. Wir haben oft eine »Ahnung« bezüglich eines Menschen oder einer Situation. Oft können wir sie gar nicht erklären, aber sie trifft erstaunlich genau.

Verwechseln Sie »intuitiv« jetzt bitte nicht mit »misstrauisch«, denn Misstrauen wird von Ablehnung gespeist. Intuition ist wie ein gelbes Licht, das uns alarmiert, langsamer zu gehen und uns vorsichtig vorzutasten oder einen anderen Weg zu wählen.

Intuition ist mehr als Wissen, denn Wissen beruht auf gesammelter Information, und Intuition basiert auf etwas, das wir nicht ganz verstehen und auch nicht beweisen können, bis das Ereignis vorüber ist. Aber wenn mein Intuitionsauslöser betätigt wird, dann ist das wie ein innerer Alarm, der mir sagt, dass ich meine Päckchen noch mal durchgucken soll.

Ich könnte mir denken, dass Debora als Richterin über das Volk oft Gelegenheit hatte, ihre Intuition zu nutzen. Manchmal stritten sich die Leute, aber ohne handfeste Fakten, die entweder der einen oder der anderen Seite Recht gaben, und dann musste Debora sich auf ihre gottgegebenen Gaben verlassen, um ein faires Urteil zu sprechen.

Ist es nicht das, was Mütter bei den Zankereien und zahlreichen Ausreden ihres Nachwuchses oft tun müssen? Wir verlassen uns auf unseren Sensor, um zu entscheiden, ob das, was wir sehen und hören, der Wahrheit entspricht.

Ich weiß noch, wie ich eines Tages, als mein Ältester noch ein Kleinkind war, durch den Raum ging, wo er zufrieden vor sich hin spielte. Ich blickte kurz zu ihm hinüber, während ich weiterging, aber ich hatte den Kopf noch nicht ganz weggedreht, als mein innerer Alarm anging. Ich wusste nicht, warum, aber irgendetwas stimmte nicht. Und als ich zurückging, um mich zu vergewissern, sah ich ein leeres Aspirinröhrchen unter dem Sessel. Den Inhalt hatte der harmlos dreinschauende kleine Engel sich in aller Seelenruhe einverleibt. Sofortiges Eingreifen und ein Besuch im Krankenhaus verhinderten die Katastrophe. Aber hätte ich nicht auf meine Intuition gehört, dann hätte ich dieses wunderbare Päckchen vielleicht verloren.

Eine Freundin erzählte mir einmal, dass sie, ihrer Intuition folgend, beschloss nach ihrem Kind zu schauen, obwohl sie es gerade erst im Garten hatte spielen sehen. Als sie hinauskam, ging ihr kleiner Sohn gerade schnurstracks auf die viel befahrene Straße zu.

Wir werden niemals erfahren, wie viele Tragödien abgewendet wurden, weil Frauen diese Art von Sensor haben. Ich glaube, unser Herr wusste, dass wir diese zusätzliche Gabe gut würden gebrauchen können.

Natürlich meinen wir manchmal, wir reagierten auf unsere Intuition, wenn wir in Wirklichkeit auf unsere Ängste hören.

Meine Freundin Ann erzählt von einer Zeit, als sie auf Geschäftsreise war und ihren Mann Paul und ihren Sohn Rick zu Hause anrief. Sie wusste, dass die beiden ins Kino wollten, wann sie losgefahren waren und wie lange der Film in etwa dauern würde. Sie wartete, bis sie wieder zu Hause sein konnten, und rief dann an. Als niemand dranging, überlegte sie, dass die beiden wahrscheinlich unterwegs angehalten hatten, um noch irgendetwas zu erledigen.

Aber als sie zwei Stunden später wieder anrief und immer noch niemanden antraf, packte sie die Panik. Zuerst rief sie jedes Krankenhaus in der Umgebung an. Als das nichts ergab, schaltete sie die Polizei ein. Sie war so sehr davon überzeugt, dass etwas passiert war, irgendein schlimmer Unfall oder was auch immer, dass die Polizei versprach, jemanden zu ihrem Haus zu schicken, während sie heulend in ihrem Hotelzimmer saß. Fünfzehn Minuten später klingelte das Telefon und ihr Mann Paul sagte fröhlich: »Hallo Schatz!« »Hallo???«, rief Ann ungläubig. »Wo wart ihr?«

»Wieso? Die erste Vorführung war ausverkauft, also haben wir im Restaurant etwas gegessen und sind dann in die Spätvorstellung gegangen«, antwortete Paul erstaunt. Und dann sagte er: »Warte, da ist jemand an der Tür.« Da fiel Ann siedend heiß ihr Anruf bei der Polizei ein. Sie verabschiedete sich schnell und legte peinlich berührt auf.

Ann hat später oft über diese Aktion gelacht, und darüber, wie ihre Phantasie so mit ihr durchgehen konnte, nur weil ihre Gefühle auf Hochtouren liefen. Das ist keine Intuition, das ist Einbildung. Ich kenne das selbst zur Genüge. Wir müssen aufpassen, denn manchmal übertönen unsere überzogenen emotionalen Reaktionen unseren Sensor ganz einfach. Anstatt intuitiv zu handeln, vermuten, projizieren, beschuldigen oder phantasieren wir.

Manchmal ist es ganz schön knifflig, unsere wunderbar weiblichen Zutaten richtig zu sortieren. Wir wollen die wertvollen Signale unseres eingebauten Alarmsystems nicht verpassen, aber wir wollen auch nicht aus unserer menschlichen Unvollkommenheit und Unsicherheit heraus handeln.

Erfahrung wird uns helfen, unseren Sensor zu trainieren und uns die Unterscheidung erleichtern, wann die Intuition uns zum Handeln drängt und wann unsere Unsicherheit uns etwas vorgaukelt. Wenn wir es uns zur Gewohnheit machen, gut zuzuhören und nicht voreilig zu reden, sind wir vor regelmäßigen Überreaktionen gewappnet.

Und wenn Sie zögern und sich fragen, ob Ihre Reaktion wirklich intuitiv ist, dann ist sie es wahrscheinlich nicht. Intuition ist einfach da; Sie wissen einfach, wann Sie nach Ihrem Kind sehen müssen oder wann Sie jemandem nicht trauen können. Das Wissen, dass etwas richtig ist, haben wir, ohne dass wir die Information erst mühselig beschaffen müssen. Intuition ist nicht erlernbar; man hat sie oder man hat sie nicht. Viele Frauen haben sie.

Intuition in Verbindung mit einem Intellekt, der sich an der Wahrheit orientiert – das ist ein starkes Gespann im Leben einer Frau.

Intelligent
oder: scharfsinnig, urteilsfähig, clever

Sprich, Herr, dein Diener hört! (1. Samuel 3,9b)

Einige der cleversten Frauen, die ich kenne, haben in ihrem Leben katastrophale Fehler begangen. Faszinierend daran ist, dass diese Frauen aus ihren Fehltritten gelernt haben, dadurch profilierter geworden sind und an Tiefe gewonnen haben. Manche von uns lernen aus Fehlern, andere laufen vor ihnen weg, weil sie ihren Wert nicht erkennen. Das Weglaufen führt meist dazu, dass wir dieselben Fehler immer wieder machen. Wenn Sie in Ihrem Leben (vor längerer Zeit oder erst kürzlich) schwer wiegende Fehler gemacht haben, dann lassen Sie den Kopf nicht hängen. Denn diese Fehler haben das Potenzial, aus Ihnen eine besonders clevere Frau zu machen!

Ich finde das ungeheuer ermutigend, denn ich möchte gerne glauben, dass sich in meiner umfangreichen Fehlersammlung noch das eine oder andere Exemplar befindet, das irgendjemandem zugute kommt. Wenn ich mein ganzes Sortiment vor Ihnen aufbauen würde, dann könnten Sie die Fehler sehen, die ich bei meinen Kindern gemacht habe, Sie würden unfreundliche Worte gegenüber meinem Ehemann entdecken, verpasste Chancen und finanzielle Fehlentscheidungen, um nur ein paar Schnitzer zu nennen. Ich bin froh, dass Jesus unser Retter ist, und er ist in der Lage, selbst aus unserer schlimmsten Pfuscherei noch etwas Positives für uns herauszuholen. Aber wir müssen auf seinen Rat hören, damit er es kann.

Das Buch Sprüche ist voll von Gottes gutem Rat – starke Sprüche für einen Kopf, »der mehr ist als eine Hutablage«, wie mein Vater zu sagen pflegte.

Salomo erinnert uns daran, dass den Herrn ernst zu nehmen, »der Anfang aller Erkenntnis« ist (Sprüche 1,7). Alles hat einen Anfang, auch die Erkenntnis. Zu erkennen, wer Gott ist, das ist der Eckstein für wahre Intelligenz. Denn es ist egal, wie viele Abschlüsse wir haben, wie viele Menschen wir mit unserem Grips und unseren geistreichen Kommentaren beeindrucken, wenn wir nicht Gott mit allem, was wir tun, die Ehre geben. Ohne das werden all unsere Anstrengungen, egal wie heldenhaft sie sein mögen, schwach und armselig sein:

> Der Herr ist es, der Weisheit gibt, von ihm kommen Wissen und Verständnis. Menschen, die ihm mit redlichem Herzen folgen, finden bei ihm Schutz und Hilfe. Er bewahrt alle, die auf dem rechten Weg bleiben und ihm die Treue halten. (Sprüche 2,6-8)

Als ich diese Verse las, musste ich an Debora denken und den Kampf, in den sie gegen ihre Feinde zog. Ihr Volk hatte keine sichtbaren Waffen – keine Streitwagen, keine Schwerter, keine Schilde. Ihre Gegner hatten eiserne Streitwagen, fein geschliffene Schwerter und mächtige Schilde.

Ich frage Sie: Welche gescheite Frau würde es mit riesigen Truppen gut ausgerüsteter Soldaten aufnehmen, die nur darauf warten, dem (vergleichsweise) mickrigen gegnerischen Häuflein unbewaffneter Männer mit einer Frau als Oberleutnant ihre Überlegenheit zu demonstrieren? Gäbe es, wenn wir die Wahl hätten, auch nur den Hauch eines Zweifels, auf welche Seite wir uns schlagen würden? Natürlich wäre Siseras Armee die einzig vernünftige Wahl.

Aber Gottes Weisheit kümmert sich nicht um die menschliche Vernunft. Wir sehen, wie Gott eine Regenwand als Schild für sein Volk nutzt, und dann können wir beobachten, wie Gott die Israeliten beschützt und sie zum Sieg führt.

Debora stellte ihre Intelligenz unter Beweis, als sie beschloss, Gottes Rat zu folgen, auch wenn alles andere dagegen sprach. Ihre Erkenntnis beruhte offenbar nicht auf ihrem eigenen Verstand, sondern sie verließ sich darauf, dass Gottes Weisheit sie zu wirklich schlauen Entscheidungen führen würde.

Wir haben heute dieselbe Chance, wenn wir den Herrn fürchten und uns entscheiden, gemeinsam mit ihm durchs Leben zu gehen. Denn wenn wir Fehler machen, können wir von den Israeliten lernen, die nicht vor ihren Fehlern davonliefen, sondern ihre zögerlichen Herzen, den Ungehorsam und ihre Fehler der Vergangenheit hinter sich ließen und gehorsam auf den Sieg zu marschierten.

Standhaft
oder: unbeirrbar, beständig, beharrlich, unerschütterlich

Ich möchte unbeirrbar dabei bleiben,
mich deinen Ordnungen zu unterstellen!
(Psalm 119,5)

Das Wort »standhaft« mag ich. Ich gebe zu, dass meine Gefühle kein besonders gut gehütetes Geheimnis sind. Ich bin ein spontaner Mensch und so sind auch meine Gefühlsäußerungen ziemlich sprunghaft. Aber es hat tatsächlich schon Momente gegeben, in denen ich der ruhende Pol in turbulenten Zeiten war. Einmal brachten junge Leute einen verletzten und blutüberströmten jungen Mann zu mir. Ich beruhigte die panische Gruppe und rief den Notarzt – und dann wurde ich plötzlich grün im Gesicht und vorbei war es mit meiner Standhaftigkeit, ganz im wörtlichen Sinne. Ich bin jedenfalls dankbar dafür, dass ich wenigstens eine kurze Zeit unerschütterlich genug war, um das Nötige zu tun, und wir uns beide gut erholt haben.

Ich weiß, dass ich ausgeglichener werden sollte, und dafür habe ich mir den folgenden Vers aus der Bibel ausgewählt: »Sie sind wie Bäume, die am Wasser stehen und ihre Wurzeln zum Bach hin ausstrecken. Sie fürchten nicht die glühende Hitze; ihr Laub bleibt grün und frisch. Selbst wenn der Regen ausbleibt, leiden sie keine Not. Nie hören sie auf, Frucht zu tragen« (Jeremia 17,8). Dieser Vers sagt für mich das aus, was ich mit »standhaft« meine. Der Baum lässt sich von der brennenden Sonne nicht unterkriegen, sondern bleibt grün. Er gibt selbst dann nicht auf, wenn die Hitze zu einer furchtbaren Trockenheit wird. Nein, der Baum trägt weiter Frucht.

Wir sehen, dass zu Deboras Zeit die Hitze des Unglücks über die Israeliten kam, als Folge ihrer eigensinnigen Götzenverehrung. Anstatt aus der tiefen Quelle der Weisheit ihres Gottes zu schöpfen, folgten sie ihren eigenen wollüstigen Herzen, und das ließ die Menschen verdorren. Selbst ihre Anführer schrumpelten zusammen, und die Folge war ein wehrloses Volk, das von seinen Feinden unterdrückt wurde.

Dann kam Debora, eine Frau, die fest in ihrem Glauben war, beständig im Hören auf Gott und bereit das zu tun, was von ihr verlangt wurde. Und die Folge ihres fruchtbaren Einflusses brachte den Sieg für das ganze Volk.

Ich bin sicher, dass Debora einer der »prächtigen Bäume« ist, von denen Jesaja spricht, »die der Herr gepflanzt hat« (Jesaja 61,3). Debora stand da wie ein Baum, der tief verwurzelt war in Rechtschaffenheit; ihr Glaube ragte zu allen Seiten weit hinaus und lud andere ein, in den erfrischenden Schatten der Wahrheit zu kommen. Und sie gab ihr eigenes Leben als Frucht, um ein verhungerndes Volk zu nähren, das zu ausgezehrt war, um für sich selbst zu kämpfen.

Ich muss sagen, das macht Eindruck auf mich. Aber darum geht es natürlich nicht bei der Geschichte von Debora und ihrem geistesgegenwärtigen Einsatz. Vielmehr sollten wir uns von dieser cleveren Frau inspirieren lassen, die ihre Fähigkeiten gebrauchte, um Gott zu ehren und seinem Volk Gutes zu tun. Wir Mädels haben vielleicht mehr Gefühle pro Nanosekunde als Männer, aber das hält uns nicht davon ab, standhaft zu bleiben, selbst mitten in der Trockenheit. Wie viele dankbare Ehemänner haben nicht schon erfahren, dass der feste Glaube ihrer Frau sie durch finanzielle Rückschläge, Jobverlust oder andere Krisen hindurchgetragen hat?

Standhaft zu sein ist eine sehr anziehende Eigenschaft, egal, ob es um ein großes Schiff auf unruhiger See geht, einen nicht wankenden Baum in stürmischen Zeiten oder um eine dienstbereite Frau in den Krisen des Lebens.

Frucht bringend
oder: fruchtbar, Leben spendend, voll

Was der Geist Gottes will, führt zum Leben,
zu Heil und Frieden. (Römer 8,6b)

Ist Ihnen schon einmal aufgefallen, wie viele Maler Obstkörbe
oder Schalen voller Früchte gemalt haben? Äpfel, Bananen,
Apfelsinen und Trauben, die aus einem Gefäß förmlich he-
rausquellen, sind ein schöner Anblick. Genau genommen, ist
unser Geist auch eine Art Gefäß, und was wir hineintun –
unsere Gedanken –, bestimmt unsere Lebensqualität. Wenn
wir an Dinge denken, die uns ermutigen, die schön sind und
gesund, dann wird unser Geist zu einem Frucht bringenden
Korb. Und diese gesunden Früchte nähren unsere Einstellung,
unsere Wünsche, unser körperliches Wohlbefinden, unsere
Beziehungen und sogar unsere Träume.

Es liegt an uns, womit wir unseren Verstand füllen, und es
ist ein Ganztagsjob, die unappetitlichen Gedanken auszusor-
tieren. Wir werden von den Medien überrannt, mit weltlichen
Wertmaßstäben bombardiert und sind ständig Gewalt und Per-
version ausgesetzt. Und als ob das noch nicht genug wäre,
müssen wir auch noch unsere eigene Phantasie kontrollieren.
Wir brauchen einen Filter, oder wie ich einmal gelesen habe,
einen Phil-ter, ausgehend von dem Brief an die Philipper.
Wenn wir uns angewöhnen, unsere Gedanken auf das zu rich-
ten, was »als rechtschaffen, ehrbar und gerecht gilt, was rein,
liebenswert und ansprechend ist, auf alles, was Tugend heißt
und Lob verdient« (Philipper 4,8), dann wird uns das helfen,
geistige Gesundheit zu erlangen und zu behalten.

Morgende sind die Herausforderung meines Lebens, denn

ich schleppe mich nur widerwillig in den neuen Tag hinein. Ich bin wirklich froh, diesen neuen Tag erleben zu dürfen, sobald mein Motor in Gang gekommen ist (ich die Zähne geputzt habe, ich angezogen bin, das Bett gemacht ist usw.). Aber der Weg dahin ist für mich eine kaum zu bewältigende Aufgabe, wenn ich meine negative Einstellung mit mir herumschleppe. Um die Widerwilligkeit in mir zu bekämpfen, habe ich mir mühsam antrainiert, an positive Dinge zu denken, sobald mein Bewusstsein morgens die ersten Regungen zeigt. Und in dem Augenblick, in dem mein Verstand erwacht, danke ich meinem Schöpfer für die guten Dinge in meinem Leben. Das ist meine Art, ein Dankopfer darzubringen.

Manchmal singe ich morgens sogar, was jeden in Hörweite dazu bringen dürfte, verstärkte Fürbitte für meine Familie einzulegen. Singen ist bestimmt nicht das, was ich am besten kann, aber die dankbaren Klänge helfen meinen alten, steifen Knochen, sich mit größerer Geschmeidigkeit zu bewegen.

Es ist doch eine Schande, wenn wir uns die Freude am Morgen entgehen lassen, denn sie kann das Gefäß unseres Geistes mit Lob füllen. Der Morgen ist das Tor zu einem neuen Tag, den der Herr für uns geplant hat. Außerdem gefällt es Gott, der unser Lob wirklich wert ist, uns schon morgens fröhlich Frucht bringen zu sehen.

Meine Erfahrung ist: Wenn ich misstrauische Gedanken hege, dann werde ich unsicher, einsam und unfroh. Aber wenn ich meinen Geist mit fruchtbaren Gedanken füttere und mir Gottes Treue bewusst mache, dann werde ich vertrauensvoll, sicher und zuversichtlich. Vom Denken ist es nur noch ein kleiner Schritt zum Werden, und was wollen wir werden? Ich glaube, wir sind uns einig, dass wir zufriedene Frauen werden wollen, die Selbstvertrauen haben und charakterstark sind.

Damit wir dieses Ziel schneller erreichen, schlage ich vor, dass wir im Geiste einen Frucht bringenden Baum in unserem Garten pflanzen. Dann können wir jeder Frucht einen Gedanken zuordnen, zum Beispiel Vergebung, Reinheit, Freundlichkeit, Sanftheit, Mut und Barmherzigkeit.

Wenn wir das nächste Mal Anstalten machen so zu denken, dass Beziehungen zerstört, unsere Gesundheit beeinträchtigt, oder unsere Freude geschmälert wird, dann können wir zu dem Baum gehen, eine gesunde Frucht guter Gedanken pflücken und sie in das Gefäß unseres Geistes legen.

Ich habe keine Ahnung, wie oft Debora genau das tun musste, um eine positive Sicht zu behalten. Denn auch sie lebte in einer von Sünde verdorbenen Gesellschaft, in der man selbst auf die Herrschenden nicht mehr zählen konnte, weil sie andere Götter verehrten. Aber Debora *hatte* nicht nur einen Baum, an dem Menschen warteten, um ihre Streitereien beizulegen, sondern sie *war* auch ein Baum (ein prächtiger Baum). Und ich glaube, sie füllte ihr Gefäß (ihren Geist) mit guten Gedanken. Debora war ein Kunstwerk – der Beweis dafür ist das wertvolle Erbe, das sie den kommenden Generationen hinterlassen hat.

Ein Lied für Gott: Ein Gebet

Wenn ich über dich nachdenke, Herr, dann wird mein geistiges Leben reicher, mein Leben streckt sich aus und meine Hoffnung erblüht. Wie aufregend ist es zu wissen, dass du uns Wege gezeigt hast, wie wir unseren Geist stärken und dann unsere geistigen Fähigkeiten nutzen können, um Frucht zu bringen. Wir wollen Deboras in unserer Gesellschaft sein und unseren Verstand gebrauchen, um Menschen den Weg zur Veränderung zu zeigen – sei es eine Freundin, die ein seelsorgerliches Gespräch nötig hat, ein ausgebrannter Leiter, der jemanden an seiner Seite braucht, oder ein Volk, das ein lebendes Vorbild benötigt.

Hilf uns, den Unterschied zu erkennen zwischen deiner Gabe der Intuition und unserer Neigung, uns Dinge einzubilden. Wir wollen mit heiligem Scharfsinn der Sache Christi dienen. Mach uns standhaft inmitten unserer täglichen Kämpfe gegen Selbstmitleid und Streit und im geistlichen Kampf gegen den Feind.

Wir möchten, dass unsere Gedanken, unser Charakter und die Musik, die aus unseren Herzen kommt, dir gefallen, Herr. Wir glauben, dass du unser Leben genial konstruiert und ihm Sinn und Ziel gegeben hast. Unsere Siegeshymnen, unsere Loblieder und unsere Freudengesänge singen wir, weil es dich gibt ... und nur deshalb. Amen.

Das
Herz
einer Frau

Die Liebe meines Lebens: Sulamith

König Salomo war ein Liedermacher. Ich weiß nicht, ob er es bis in die Charts geschafft hat, aber er hat immerhin 1005 Lieder geschrieben. Damit dürfte er zumindest zu den Produktiveren zählen.

Vor kurzem habe ich ein Interview mit einem bekannten Sänger gehört. Als er gefragt wurde, welches seiner Lieder er am liebsten habe, dachte er einen Moment lang nach und antwortete dann: »Es ist wie bei den eigenen Kindern. Man kann nicht eins besser finden als das andere.« Na ja, bei Salomo wäre es nicht schwer, wenn man ihn nach seinem Lieblingsstück fragen würde, denn er nennt es das »Hohelied«, was nahe legt, dass es beim Künstler besonders hoch im Kurs stand. Ich könnte wetten, dass es sein romantischstes Werk war.

König Salomo sammelte Frauen, so wie er Lieder schrieb. Seine Harems platzten aus allen Nähten, und darum schrieb er wahrscheinlich in den Sprüchen: »Lieber ein ruhiger Winkel unterm Dach als ein ganzes Haus zusammen mit einer ständig nörgelnden Frau« (Sprüche 21,9). Es geht nichts über Erfahrung aus erster Hand, oder, König?

Aber wenn er seine Braut im Hohelied der Liebe besingt, dann hören wir nur sanfte Töne und den intimen Austausch zweier Menschen, die bis über beide Ohren ineinander verliebt sind. Die Kosenamen, die König Salomo und Sulamith füreinander gebrauchen, offenbaren die tiefen Gefühle der beiden. Hier könnten sich die Grußkartenverlage noch eine Menge abgucken für ihr Valentinstags- oder Hochzeitssortiment! Kleine Kostprobe gefällig? Liebster, König, Geliebter,

Täubchen, Braut und Schönste der Frauen – seufz! Ist das nicht wunderbar? Das lässt mein Herz schneller schlagen.

Ich glaube nicht, dass es etwas Ermutigenderes, Erfreulicheres, Erfüllenderes und Befriedigenderes für eine Frau gibt als zu wissen, dass sie von einem Mann wirklich geliebt wird. Ich höre schon, wie manche von Ihnen jetzt sagen: »Oh, vielen Dank, Patsy, ich bin Single«, oder: »Ich bin verwitwet«, oder: »Ich bin mit Ekel Alfred verheiratet.«

Aber das ist es, was dieses Buch der Bibel so göttlich macht. Während wir die Liebe zwischen dem König und seiner Braut beobachten, werden wir an die hingebungsvolle Liebe Christi für jeden von uns erinnert. Er ist unser Bräutigam, und wir sind seine Braut. Christus sehnt sich danach, unsere Tränen zu trocknen und uns Geborgenheit in seiner Nähe zu geben. Er umwirbt unsere Herzen mit seiner Liebe, und wir haben die Gelegenheit, ihm mit Freude zu antworten.

Wir wissen nicht viel über Sulamith. Wir erfahren aber, dass sie oft in den Garten geht, um auf ihren Geliebten zu warten. Und er beschreibt sie als Garten, als verschlossenen Garten. Sehen Sie sich einmal an, wie leidenschaftlich ihre Reaktion ist und wie frei sie ihrer Liebe Ausdruck verleiht. Ihr Herz ist offen für ihren Geliebten. Obwohl das Lied sehr sinnlich ist, hat es auch eine geistliche Ebene, deshalb ist es ja auch in der Bibel.

Sulamith und ich laden Sie ein, sich an der wunderbar weiblichen Schönheit zu erfreuen und sich in dem Wissen zu aalen, dass Sie wirklich geliebt sind. Und das Beste daran ist, dass Gottes Liebeslied für uns wirklich unser Herz erwärmt.

Beziehungsorientiert
oder: sozial, gemeinschaftlich, verwandtschaftlich

Esst, Freunde, auch ihr, und trinkt euren Wein;
berauscht euch an Liebe! (Hohelied 5,1)

Meine Erfahrung ist, dass Frauen oft stärker beziehungsorientiert sind als Männer. Das bedeutet nicht, dass Männer nicht den Wunsch oder auch das Bedürfnis nach Beziehungen hätten, aber offenbar brauchen sie weder so viele noch so tief gehende Beziehungen wie wir Frauen.

Mein Mann wurde einmal gefragt, wer sein bester Kumpel sei, und Les zählte verschiedene Namen auf. Dann wurde er gefragt, wann er seine Kumpels das letzte Mal einfach so angerufen hatte, um zu sehen, wie es ihnen geht. Die Antwort war: Noch nie. Und auch seine Freunde hatten ihn nicht angerufen. Aber sie halten sich trotzdem für gute Freunde.

Wir Frauen sind normalerweise nicht so. Wir klönen, schreiben, mailen, faxen oder telefonieren häufig mit unseren engsten Freundinnen. So haben wir das Gefühl, in Verbindung zu bleiben. Und für Frauen – na ja, jedenfalls für mich – ist Verbundenheit sehr wichtig. Wir nehmen gerne Anteil am Leben unseres Partners, unserer Familie und unserer Freunde. Und weil wir flüssiger reden, sind Worte ein wichtiges verbindendes Element.

Eine Frage, vor der Millionen von Frauen in ihrer Ehe stehen, ist: »Wie kriege ich ihn zum Reden?« Ich habe erfahren, dass Les anfängt zu reden, wenn ich still bin, statt für uns beide genug Worte zu machen. Geplauder ist nicht sein Ding, eher schon eine gepflegte Unterhaltung. Die Quasselstrippe in der Familie bin und bleibe ich.

135

Ich finde es toll, dass das Hohelied der Liebe von einem Mann geschrieben wurde. König Salomo wusste wirklich, wie man sich ausdrückt. Und er sprach Sulamith auf zärtliche Weise und mit atemberaubenden Versen an. Hier sind die Worte des Königs, mit denen er sie einlädt, eine enge Beziehung mit ihm einzugehen:

> Mach schnell, mein Liebes! Komm heraus, geh mit!
> Der Winter ist vorbei mit seinem Regen.
> Es grünt und blüht, so weit das Auge reicht.
> Im ganzen Land hört man die Vögel singen;
> nun ist die Zeit der Lieder wieder da!
> Sieh doch: die ersten Feigen werden reif;
> die Reben blühn, verströmen ihren Duft.
> Mach schnell, mein Liebes!
> Komm heraus, geh mit!
> (Hohelied 2,10-13)

Lehnen Sie sich zurück und lassen Sie diese wunderbare Einladung auf Ihr Herz wirken! Sehen Sie, wie unser Gott uns umwirbt, damit wir zu ihm, in seine Nähe kommen? Er kennt unser Verlangen, Beziehungen zu knüpfen, denn er selbst sehnt sich ebenso nach einer Beziehung mit uns. Er hat uns geschaffen, damit wir ihn kennen lernen und uns für immer an ihm erfreuen können. Und ich merke: Wenn ich eng mit Christus verbunden bin, dann kann ich auch mit anderen mehr aus Liebe als aus einem Bedürfnis heraus in Kontakt treten. Denn im Garten des Herrn grünt und blüht meine Seele, und meine inneren Stürme legen sich. So kann ich dann uneigennützig auf andere zugehen und ihr Wohl im Blick haben statt meines. Denn Gott hat die anderen nicht dazu geschaffen, um meine Bedürfnisse zu befriedigen.

Ich gebe zu, dass ich regelmäßig an diese Wahrheiten erinnert werden muss. Immer wieder versuche ich bei Wesen aus Fleisch und Blut das zu finden, was nur der Geist Gottes in meinem Herzen ausrichten kann, nämlich meine Wunden zu heilen, meine Traurigkeit von mir zu nehmen und meine Wut in nichts aufzulösen.

Mein Partner, meine Familie und meine Freunde können mich unterstützen, aber sie können nicht der Geist Gottes sein, der Geliebte meiner Seele.

Ich liebe den Frühling, die Jahreszeit der Hoffnung. Ich liebe den Geruch des Frühlings, wenn es von Blüten nur so duftet. Und ich mag den Anblick des Frühlings, der so viel für die Zukunft verheißt. Und mehr als alles liebe ich den, der den Frühling gemacht hat und uns damit ein unvergessliches Bild für das neue Leben in Christus gibt. Wenden wir uns dem Frühling zu und dem Herrn, der uns in allen Jahreszeiten des Lebens schützt.

Romantisch
oder: idealistisch, überschwänglich, sentimental

Kein Wasser kann die Glut der Liebe löschen,
und keine Sturzflut schwemmt sie je hinweg.
(Hohelied 8,7)

Ich bin ein romantischer Typ – ich liebe das Mondlicht, den Kerzenschein und das tanzende Licht des Kaminfeuers. Ich mag es, wenn Musik die Atmosphäre angenehm macht und mich besänftigt. Ich liebe kunstvoll zubereitete Speisen (besonders wenn jemand anderes kocht). Und ich bin ganz aus dem Häuschen, wenn ich unerwartete Liebesbezeugungen bekomme – eine liebevolle Notiz, ein Foto, ein gemeinsames Lieblingslied, eine Kinderzeichnung, ein Gedicht nur für mich oder was auch immer. Ich mag romantische Spaziergänge, Händchenhalten und Geheimnisse. Und nicht zu vergessen einen Veilchenstrauß, eine Hortensie oder eine einzelne Rose. Ah, die Liebe!

Ich glaube, die meisten Frauen wissen vertraute, innige Zeiten zu schätzen. Also, ich weiß ja nicht, wann Sie das letzte Mal durch das Hohelied der Liebe geblättert haben, aber es knistert nur so vor erotischer Spannung. Das ganze Buch fließt über von Romantik, traumhaften Worten und Bildern, die ein Mädchenherz sofort erobern. Zum Beispiel hier: »Mein Liebster liegt bei mir, an meiner Brust, er duftet wie würziges Myrrhenharz« (Hohelied 1,13). So wie ich es verstehe, sagt diese verliebte Frau, dass der Geruch ihres Geliebten ihr gefällt und sie ihn immer nahe bei sich und in ihrem Herzen haben will. An einer anderen Stelle beschreibt Sulamith: »Sein linker Arm liegt unter meinem Kopf, und mit dem rechten hält er mich umschlungen« (Hohelied 2,6). Das ist eine liebevolle Umarmung, aber auch ein Ausdruck der Geborgenheit, so dass sie sich sicher und umsorgt fühlt. Das gefällt mir.

Sulamiths Geliebter sagt zu ihr: »Mein Täubchen, zeig dein liebliches Gesicht, und lass mich deine süße Stimme hören!« (Hohelied 2,14). Er freut sich an dem Klang ihrer Stimme und an ihrem Aussehen. »Schön bist du, zauberhaft schön, meine Freundin« (Hohelied 1,15). Freuen? Ich würde sagen, der Mann ist ganz verrückt nach seiner Braut. Diese zwei Menschen sind vernarrt ineinander und sie scheuen sich nicht, es der ganzen Welt zu sagen.

Als ich meinen Mann kennen lernte, war ich fünfzehn Jahre alt, aber ich war mir meiner Gefühle für diesen romantischen sechzehnjährigen Kerl ganz sicher. Ich zeigte allen meinen Freundinnen sein Bild und starrte es stundenlang mit verliebten Blicken an. Ich bewachte den Briefkasten wie meinen Augapfel und verwahrte jedes Wort, das er schrieb, wie einen Schatz.

Es gibt noch einen Mann in meinem Leben, den ich auch wie einen Schatz bewahre: Jesus. Als ich ihn kennen lernte, konnte ich es kaum erwarten, allen anderen von dem zu erzählen, der sich so leidenschaftlich um mich sorgte. Ich fing an, den Liebesbrief seines Wortes zu erforschen und ließ meine Blicke auf den Aussagen ruhen, in denen er davon spricht, dass er mich annimmt. Ich las immer wieder, dass Jesus mich liebt. Er liebt mich. Er liebt mich. Er fand den Klang meiner Stimme süß, wenn ich im Gebet zu ihm sprach, und er fand mein Gesicht schön, wenn ich zu ihm aufsah. Der Herr verspricht, mich niemals loszulassen, und deshalb fühle ich mich in seiner Liebe geborgen und sicher.

Es geht doch nichts über das Gefühl, umworben zu werden. Und wenn man bedenkt, dass unser Geliebter ein Prinz ist ... oder besser gesagt: *der* Prinz. Er hat auf uns gewartet, uns gesucht und sich nach unserer Gesellschaft gesehnt. Er hat sogar sein Leben für uns geopfert – wenn das keine Liebesbeziehung ist!

Reizend
oder: lieblich, gewinnend, entzückend, anziehend, schön

Ein Blick aus deinen Augen, und ich
war gebannt. (Hohelied 4,9)

Reizend zu sein bedeutet, dass wir eine Schönheit besitzen, die sowohl die Seele anspricht als auch dem Auge gefällt. So? Wenn ich die Stunde nicht mitzähle, nachdem ich morgens unter zerknitterten Bettlaken hervorgekrochen bin, und wenn es einer dieser seltenen Tage ist, an dem meine Haare das tun, was ich will, und ich nicht gerade eine Schnupfennase habe, dann bin ich ganz niedlich. Aber reizend? Da müsste man den Begriff doch ziemlich strapazieren. Obwohl es Zeiten gab ...

Im Dezember vor sechs Jahren war ich eine der Brautjungfern bei der Hochzeit meiner Freundin. Die Braut hatte lange Kleider aus schwarzem Samt für uns ausgewählt, mit hohem Kragen und viktorianischer Spitze und einem V-Ausschnitt. Wir trugen weiße Laternen, die mit Blumen geschmückt waren und in denen pinkfarbene Kerzen brannten. Der Gottesdienstraum war mit kleinen weißen Lichterketten geschmückt, die in Tüll eingewickelt waren, und sah aus wie das Bilderbuchschloss eines Prinzen und seiner Prinzessin.

Ausnahmsweise wusste an diesem Tag jedes Haar auf meinem Kopf, was es zu tun hatte, und tat es auch. Mein Kleid war genau auf meine Figur zugeschnitten und passte wie angegossen. Da fühlte ich mich reizend.

Manchmal gönne ich mir einen Nachmittag mit Maniküre, Pediküre und Schultermassage. Das reicht, um mich zwei Stunden lang lieblich zu fühlen. Dann reißt mir ein Fingernagel ein oder ich verrenke mir den Hals. Ich habe die Erfahrung gemacht, dass Schönheit sehr vergänglich ist, wenn wir uns nur auf unser äußeres Erscheinungsbild verlassen. (Was nicht bedeutet, dass wir im Jogginganzug und mit fettigen Haaren durch die Gemüseabteilung schlappen müssen, nur um jeglichen Verdacht von Oberflächlichkeit von uns abzulenken.)

Wenn reizend zu sein mehr bedeutet, als unser Make-up aufzufrischen oder unsere Frisur zu überprüfen, bevor wir losgehen, um einen Liter Milch zu kaufen, wie bewerkstelligen wir dann diese innere Schönheit? Ich weiß, wenn ich mich gut fühle, dann bekomme ich auch mehr Komplimente dafür, wie ich aussehe. Ich weiß auch, dass wir uns so benehmen können, dass Menschen sagen: »Ist sie nicht reizend?«

Normalerweise sagt man das über jemand, der großzügig anderen entgegenkommt, ihnen Interesse, Fürsorge und Unterstützung signalisiert: »Kann ich helfen?«, »Es tut mir so Leid«, »Komm, lass mich ...«, »Bitte, nimm meinen Platz!«, »Du bist mir wichtig.«

Im Hohelied der Liebe lesen wir, dass Sulamith eine reizende, dunkelhäutige Frau war. Salomo war von ihrer Lieblichkeit so hingerissen, dass er ihr goldene Ohrringe versprach, mit Silber beschlagen, die nur für sie gemacht waren. (Hm, nicht ungeschickt, lieber König.) Sulamith erzählt uns, wie ihr Parfüm das Interesse des Königs weckte und dass es wie ein Strauß duftender Blüten aus den Weinbergen war.

So lieblich wie Blütenduft ist auch die Liebe Christi. Wenn wir mit unserer großen Liebe zusammen sind, dann wird uns der wunderbare Duft seiner Gegenwart bewusst und wir strömen selbst diesen Duft der Liebe aus – und dann sind wir ansprechend für die Seele und angenehm anzusehen.

Sulamith dachte an ihren Geliebten, als sie aufstand. Sie suchte ihn den ganzen Tag und hielt am Abend gespannt nach ihm Ausschau. Und er war ihr mehr wert als Silber und Gold. Offensichtlich war Sulamiths Herz ganz auf die Liebe ihres Lebens ausgerichtet. Ist unseres das auch?

Frühlingsliebe: Ein Gebet

Herr, du hast dein Wort mit Musik gefüllt und uns eingeladen, freudig in Loblieder, Anbetung und Jubel einzustimmen. Du hast uns sogar versprochen, ein neues Lied auf unsere Lippen zu legen – Verse, die wir bisher nicht gesungen haben. Aber wir wollen uns auch daran erinnern, den Worten zu lauschen, die du uns in der Heiligen Schrift und durch deinen Geist zusingst.

Wenn du, Herr, uns mit deiner überwältigenden Liebe umwirbst, wollen wir als deine Braut sehnsüchtig die Gemeinschaft mit dir erwarten. Weil wir von anderen so oft enttäuscht wurden, haben wir uns an den kalten Winterwind gewöhnt, der unsere Worte beißend und unser Herz bitter macht. Hilf uns, die schweren Mäntel abzuwerfen und uns in luftige Festtagskleidung zu hüllen.

Du hast uns dazu berufen aufzubrechen, den Winter zurückzulassen und in den Frühling deiner Liebe zu kommen. Nimm unsere Hand, Geliebter, denn wir sind schwach, aber wir wollen Frucht bringen wie ein Garten, ein Weinberg oder ein Lilienfeld. Und Herr, wir wollen dir, unserer großen Liebe, treu sein. Amen.

Der
Geist
einer Frau

Ein Lied voller Eifer: Mirjam

Mirjam, eine energische junge Frau, passte genau auf, was mit ihrem kleinen Bruder geschah. Sie und ihre Mutter Jochebed hatten das Baby in einen Korb gelegt und in den krokodilverseuchten Nil gleiten lassen, um zu verhindern, dass er wie alle jüdischen Jungen in Ägypten umgebracht wurde. Als die ägyptische Prinzessin die Baby-Arche fand, regte sich ihr Herz aus lauter Mitgefühl.

Da trat Mirjam in Aktion. Sie tauchte vor der Prinzessin auf und bot an, eine jüdische Amme zu organisieren, die sich um den kleinen Mose kümmern und ihn stillen konnte. Die Prinzessin nahm das Angebot an und Mirjam lief schnell los, um ihre Mutter zu holen. Bald waren Kind und Mutter wieder vereint – dank Gottes unübertrefflichem Plan und Mirjams Mut.

Stellen Sie sich das mal vor: ein zwölfjähriges Sklavenmädchen, das sich der Prinzessin des Feindes nähert und die Kühnheit und Selbstbeherrschung besitzt, ihren Plan überzeugend zu präsentieren. Mirjams kleines Herz muss ihr bis zum Hals geschlagen haben. Und stellen Sie sich dann die Freude vor, als das Mädchen zu seiner Mutter eilte, um ihr zu erzählen, was Gott für sie getan hatte. Ich kann mir vorstellen, wie Mirjam und Jochebed sich in die Arme fielen und dabei lachten und weinten und voller Freude und Dankbarkeit im Raum herumtanzten.

Nachdem der kleine Mose wieder zum Palast gebracht worden war, um dort erzogen zu werden, hört man achtzig Jahre lang nichts mehr von Mirjam. Wir wissen, dass sie als Sklavin gemeinsam mit ihrem Bruder Aaron in Ägypten blieb und dass sie für einen Retter und Befreier betete.

145

Mirjams Leben war hart; von ihr wurde viel verlangt. Aber als Mose von Gott Jahwe gesandt wurde, um sein Volk aus der Gefangenschaft zu führen, wählte er seine Schwester Mirjam als Vorsängerin. Und selbst nach all der Misshandlung durch ihre grausamen Herren, hatte sie noch ein Lied auf ihren Lippen. Mirjam war damals schon über neunzig und hatte offenbar noch genug Energie, um die jüdischen Frauen in Musik und Tanz anzuleiten.

Während Mose Mirjam zur Lobpreisleiterin gemacht hatte, machte der Herr sie zur Verkündigerin der Wahrheit, denn wir erfahren, dass sie eine Prophetin war. Nach acht Jahrzehnten der Trennung wurden diese Frau und ihre beiden Brüder wieder vereint, um das Volk Gottes ins verheißene Land zu führen. Was für eine unglaubliche Berufung! Und Gott hatte alle drei – Mirjam, Mose und Aaron – für ihre Aufgabe vorbereitet.

Aber irgendwann während der vierzigjährigen Wanderung mit einem starrsinnigen Volk durch die brennende Hitze und im Angesicht schrecklicher Feinde wurde Mirjams freudiger Gesang zum Klagelied. In den letzten Jahren ihres Lebens lebte unsere energische Schwester in einem Kampf – einem Machtkampf mit dem Allmächtigen. Der Herr bestrafte sie, und das brach ihren Geist und ihren Körper. Mirjam starb, kurz bevor das Volk in das gelobte Land einzog.

Kommen Sie mit und begleiten Sie Mirjam auf ihrem langen Weg. Dieser Weg führte sie über das Meer, zwischen Bergen hindurch und durch feindliches Gebiet. Sie kannte Hunger, Durst und Demütigung. Mirjams Geschichte ist für uns wichtig, denn sie demonstriert den rechtschaffenen Einsatz der eigenen Gaben, sie zeigt uns, was Mut ist, und sie veranschaulicht Geduld. Sie fordert uns außerdem auf, voller Dankbarkeit im Angesicht Gottes zu feiern. Und nicht zuletzt erinnert sie uns an die Gefahr, dass unser Geist kalt und alt wird. Das ist eine Versuchung, liebe Schwestern, der wir alle einmal gegenüberstehen werden.

Enthusiastisch
oder: begeistert, eifrig, leidenschaftlich

Singt und spielt dem Herrn von ganzem Herzen.
(Epheser 5,19b)

Ich mag enthusiastische Menschen, die ihre Füße nicht still halten können und voller Freude und Neugier durchs Leben tanzen, denn sie berühren mich – und andere – auf besonders lebhafte Weise. Meine Freundin Shirley ist so. Wo sie auftaucht, werden Menschen fröhlich, sie lachen und werden angeregt und gesegnet. Wenn ich nur daran denke, wie sie durch die Gegend wirbelt und alle mitreißt, muss ich schon kichern.

Shirley kann eine ganz gewöhnliche Aufgabe zu einem unvergesslichen Erlebnis machen. Sie amüsiert sich gerne und außerdem hat sie eine leichte Neigung zu ... na ja, Missgeschicken. Was ganz unkompliziert beginnt, kann in kürzester Zeit zur ausgewachsenen Katastrophe werden, aber das ist wirklich ein besonders liebenswerter Zug an ihr. Denn ihre Fähigkeit über sich selbst zu lachen, zieht andere Menschen unweigerlich an.

Während unserer langen Freundschaft haben wir viele Abenteuer miteinander erlebt – von Frauenfreizeiten bis hin zu Familienfeiern, ausgiebigen Einkaufsbummeln, Umzügen und Gemeindeveranstaltungen. Und Sie können sicher sein: Wenn Shirley mit von der Partie ist, bekommt das Gewöhnliche einen unerwarteten Glanz.

Shirley macht alles mit Begeisterung. Wenn sie anderen einen Dienst erweist, dann tut sie das voller Elan. Unterhält sie andere, dann mit großem Geschick. Und wenn sie singt, dann tut sie das von ganzem Herzen. Sogar ihre Kleidung ist besonders farbenfroh und lebhaft. Sie ist eine attraktive Frau, sie liebt Schmuck und trägt auffällige Ringe und Armreifen, und sie hat eine bunte Sammlung ausgefallener Hüte.

Und das Beste ist: Shirley war die Frau unseres Pastors (sie ist immer noch seine Frau, aber er ist nicht mehr unser Pastor). Ist das nicht toll? Überlegen Sie einmal, wie leicht Shirley ihre Lebensfreude hätte unterdrücken können, um den Erwartungen anderer zu entsprechen. Stattdessen ist sie überall ein echter Lichtblick.

Aber ich glaube, Shirley ist noch gar nichts gegen Mirjam. Stellen Sie sich eine zweiundneunzigjährige Frau vor, die mit einem Tamburin in der Hand die Frauen ihres Volkes im Tanz und im Lied anleitet – *das* ist aufregend. Ich kenne ein paar Leute in der Altersklasse, die das Tamburin hochheben könnten, aber Primaballerina und Topstar der Hitparade? Wohl eher nicht. Und Mirjam hatte noch die Kleinigkeit von vierzig Jahren Wüstenmarsch vor sich – ganz zu schweigen von ihrer Führungsrolle für Hunderttausende von Frauen. Keine Frage, Mirjam war eine Powerfrau.

Es ist eine Schande, wenn wir dem Leben mit einer farblosen Einstellung begegnen. Und glauben Sie mir, ich kenne auch das Grau in Grau, wenn man sich vor dem nächsten Tag fürchtet. Meine bodenständige Tante Mame sagte einmal enthusiastisch: »Das Leben ist ein Bankett, und die meisten armen Schlucker hungern sich zu Tode.«

Das Wort Enthusiasmus bedeutet wörtlich »worin ein Gott ist«, und das heißt doch wohl, dass wir Christen vor allen anderen vom Leben elektrisiert sein sollten. Also los, meine Liebe, nehmen wir die Tamburins und lassen Sie uns loslegen mit dem bunten Leben! Langweilig sein kann jeder. Aber nur ein Mensch, in dem Gott ist, kann vor dem Volk und – noch wichtiger – vor dem Herrn tanzen und singen.

Leitend
oder: führend, lenkend, richtungweisend

Herr, zeige mir den richtigen Weg,
leite mich auf gerader Bahn. (Psalm 27,11)

Ich bin rechthaberisch. Okay, ich gebe es zu. Und es gibt
Leute, die das auch von mir sagen – genau genommen eine
ganze Reihe. Natürlich habe ich ihnen unmissverständlich
gesagt, dass sie sich irren. So.

Ich habe gelernt, dass rechthaberisch zu sein gar nicht so
schlecht ist, wenn man sich vom Heiligen Geist leiten und von
anderen korrigieren lässt. Jetzt, nachdem ich das begriffen
habe, bin ich nicht mehr so rechthaberisch, wie ich es vorher
war. Stattdessen bin ich so unentschlossen, dass ich gar nicht
mehr weiß, in welcher Sache ich rechthaberisch sein soll.

Die meisten Leiter sind rechthaberisch. Die großen Anführer sind so gut darin, dass andere überhaupt nicht merken,
dass sie herumkommandiert werden. Es wirkt eher wie eine
richtungweisende Gabe: Dies ist der Weg, gehe ihn! Ich glaube, dass Mirjam während ihrer vierzigjährigen Wanderschaft
viele Befehle geben musste: »He, du da auf dem Kamel, geh
mit den anderen zum Brunnen.«

Aber im Ernst: Mirjam lenkte die anderen Frauen sowohl in
der Anbetung und dem Feiern als auch in ihrem täglichen
Leben, denn sie war eine Prophetin. Eine Prophetin war eine
Frau, die regelmäßig etwas von Gott gesagt bekam und die
andere anleitete, ihm zu folgen: »Dies ist der Weg, gehe
ihn!«

Mirjam erinnert mich an Debora, die auch als Anführerin,
Prophetin und Sängerin diente. Der große Unterschied zwi-

schen den beiden findet sich im letzten Kapitel ihres Lebens. Das Letzte, was wir von Debora hören, ist ihr Siegeslied, dem ein vierzigjähriger Friede folgt. Mirjam hatte ihr Lied nach vierzig Jahren Unfrieden verloren. Sehen wir mal, warum.

Mose, ihr bekannter Bruder, heiratete eine nichtjüdische Frau, und seine Schwester Mirjam war darüber nicht gerade erfreut. Sie war kurz davor, die Heringe aus ihrem Zelt zu reißen und ihren Bruder damit zu verhauen. Sie war so wütend, dass sie bereit war, einen Putsch gegen Mose anzuzetteln. Aber sie war nicht auf die Wut gefasst, mit der Gott ihr in die Parade fuhr.

Wir müssen unsere rechthaberischen Springerstiefel eintauschen gegen zierliche Tanzschuhe, wenn wir Gottes Hoheitsgebiet betreten. Und Moses Berufung war ganz sicher Gottes Hoheitsgebiet. Erinnern Sie sich an den Busch? Nun, Mirjam wurde sozusagen auch ein Busch – nämlich eine »Steppenhexe«, wie es sie in den Weiten der nordamerikanischen Steppe gibt und die nirgendwo verwurzelt sind, sondern ziellos herumtreiben. Sie war verschrumpelt und ausgestoßen, nachdem der Herr sie für ihr unangebrachtes und inakzeptables Verhalten mit Lepra bestrafte. Wie Furcht einflößend und demütigend für die Frau, die Gott so viele Jahre treu gedient hatte.

Die Israeliten war genauso erschüttert wie Mirjams Brüder. Mose und Aaron fielen vor Gott auf die Knie und flehten ihn um Heilung für ihre Schwester an. Das ganze Volk beklagte die Folgen von Mirjams Meuterei. Das jüdische Volk beschloss, nicht ohne seine geliebte Anführerin und Freundin weiterzuziehen. Was für eine Wirkung muss ihr Leben gehabt haben, um eine solche Loyalität und Zuneigung hervorzurufen! Stellen Sie sich ein ganzes Volk vor, das wegen einer einzigen Person trauert und zum Stillstand kommt. Das beeindruckt mich.

Es bedrückt mich aber auch. Diese ehemals energiegeladene Leiterin war dazu verbannt, außerhalb des Lagers zu sitzen und »Unrein! Unrein!« zu rufen. Das bricht mir das Herz.

Aber ich bin dankbar, dass Gott barmherzig war und Mirjams Gesundheit wiederherstellte und ihr erlaubte, zu ihrem Volk zurückzukehren. Danach hören wir von dieser gedemütigten Leiterin nichts mehr bis zu ihrer Beerdigung. Es ist, als hätte die Erfahrung des Verstoßenseins ihre aufbrausende Energie ausgelöscht. Auf der anderen Seite hat Mirjam in ihrem Elend Gott vielleicht versprochen, dass sie nicht mehr rechthaberisch und bitter sein, sondern für den Rest ihres Lebens still leben und ihren Dienst tun würde, wenn er sie heilte.

Niemand von uns weiß, wie lange wir leben werden – aber sicher nicht so lange wie Mirjam, die hundertzweiunddreißig Jahre alt wurde. Eigentlich bin ich auch ganz froh darüber, denn ich habe das Gefühl, je länger ich mich hier herumtreibe, desto größer wird die Gefahr, dass ich eine Steppenhexe werde.

Begnadigt
oder: freigesprochen, rehabilitiert, befreit, straffrei

Doch wer weiß, wie oft er Schuld auf sich lädt?
Strafe mich nicht, wenn ich es unwissend tat!
(Psalm 19,13)

Als ich ein junges Mädchen war, wollte ich Berichterstatterin für eine Zeitung werden. Jetzt, als nicht mehr ganz so junges Mädchen, stelle ich mir immer noch ab und zu vor, wie ich Bilder von bemerkenswerten Menschen mache und wichtige Details über sie zusammenschreibe. Wenn ich einen Bericht über Mirjam hätte schreiben sollen, dann frage ich mich, wie ich diese berühmte Frau porträtiert hätte.

Ich hätte ganz sicher mit Bildern vom Nil begonnen. Klick. Ich hoffe, ich hätte das Geheimnisvolle und die Sorge auf Mirjams Gesicht eingefangen. Klick. Klick. Und ich hätte mir auch den Jubel nicht entgehen lassen, als der kleine Mose, seine Mutter und seine Schwester wieder vereint waren. Hier hätte ich die besondere emotionale Verbindung zwischen einer Frau und ihrem Kind hervorgehoben. Ich hätte von den Tränen der Dankbarkeit und der Erleichterung berichtet, die in Jochebeds Augen standen, als sie das Kind an sich drückte (so stelle ich es mir jedenfalls vor). Klick.

Ich wäre an Mirjams Seite gewesen, als sie später als Erwachsene wieder mit ihrem Bruder Mose vereint war. Klick. Ob sie gelacht haben? Oder geweint? Ob es ihnen seltsam vorkam? Haben sie sich die Hände geschüttelt oder sich in den Arm genommen oder haben sie die Sandalen getauscht?

Und es besteht kein Zweifel, dass ich das spektakuläre Ereignis am Roten Meer in dramatischer Weise geschildert hätte. Was wären das für Bilder geworden! Ich hätte mit Sicherheit mehrere Filme verschossen. Klick, klick, klick.

Dann hätte ich schnell eine neue Rolle eingelegt, als die Feierlichkeiten begannen und die Frauen singend und tanzend Gott lobten – angeführt von einer starken Mirjam. Klick, klick.

Ich weiß nicht, wie viele Kamele ich gebraucht hätte, um genügend Filme für vierzig Jahre zu transportieren. Ein bisschen anstrengend wäre so eine Tour natürlich schon. Das Ergebnis wäre jedenfalls phantastisch gewesen. Ich hätte Mirjams Sandalen geknipst, ihr Tamburin und natürlich ihr Zelt (für die Homestory – wir sehen doch alle gern, wie andere Frauen wohnen, oder?). Klick.

Ich weiß nicht, ob Mirjam ihre Gabe der Prophetie bei großen Versammlungen im Freien nutzte, bei altmodischen Zeltversammlungen oder zwanglosen Abenden am Lagerfeuer, aber ich wäre da gewesen und hätte Fotos geschossen. Ich wäre Mirjam den Tag über gefolgt und hätte ihren Umgang mit den Frauen fotografiert. Klick. Ich hätte ihre Zusammenkünfte mit ihrem Bruder Aaron geknipst, wenn die beiden Mose über die Geschehnisse in ihren jeweiligen Verantwortungsbereichen berichteten.

Aber ich weiß nicht, ob ich es über mich gebracht hätte, ein Bild von Mirjam zu machen, als sie von der Lepra ganz entstellt war. Mirjams Verzweiflung hätte mich ganz sicher veranlasst, sie in Ruhe zu lassen, um sie nicht noch mehr verzweifeln zu lassen. Außerdem wollen wir an manche Augenblicke doch lieber nicht erinnert werden, schon gar nicht in Farbe.

Ich glaube, die dramatischste Szene in Mirjams Geschichte war die, als ihr vergeben wurde, als sie körperlich geheilt und wieder mit ihrem Volk vereint wurde. Klick, klick, klick. Ich bin sicher, dass viele Tränen der Dankbarkeit vergossen wurden, als sie zurück ins Lager kam und zurück in das Leben vieler, die sie von Herzen liebten.

Mirjam muss mit weit aufgerissenen Augen ihren Körper angesehen haben, der auf so groteske Weise mit eiternden Geschwüren übersät gewesen und im nächsten Moment vollkommen geheilt war.

So ist es, wenn wir uns unserer eigenen schmutzigen Schuld bewusst sind, und im nächsten Moment nehmen wir Gottes Vergebung an. Er reinigt unser vereitertes Herz und begradigt unser verbogenes Leben, und wir sind sprachlos. Eine solche Reinigung erfüllt uns mit Erleichterung, erweckt unsere Hoffnung zu neuem Leben und lässt uns demütig werden. Ja, Vergebung zu empfangen ist demütigend – sehr, sehr demütigend. Fragen Sie Mirjam. Klick.

Geistvolles Dankopfer: Ein Gebet

Vater, wir als deine Kinder brauchen deine Vergebung. Ohne sie drehen wir uns nur um uns selbst, so dass wir für niemand anders von Nutzen sein können. Und unser Geist verdorrt ohne deine Leben spendende Gegenwart. Ein Wort von dir, und wir werden wie Mirjam fähig, mit einem demütigen Herzen voller Hoffnung in unser Leben zurückzukehren.

Jeder Tag, den du uns gibst, ist ein Geschenk. Hilf uns, es begeistert zu öffnen, mit Würde zu tragen und voller Dankbarkeit zu feiern. Wecke unseren Enthusiasmus, denn dann wird selbst das Gewöhnliche spektakulär.

Kraftvolle, geistvolle Frauen schießen schnell übers Ziel hinaus. Deshalb bitten wir dich, Herr, dass du uns immer wieder einen beständigen Geist gibst. Wir sehnen uns danach, auf ein Ziel hin zu leben, und wir wollen deine Weisung annehmen und sie anderen weitergeben.

Du freust dich, wenn wir mit fröhlichem Geist zu dir kommen. Wir bringen dir unsere Psalmen und Lieder dar, denn du führst uns durch Talsohlen, über Berggipfel und durch Wüstensand. Wir wollen nicht zögern, uns deiner Leitung anzuvertrauen.

Lass unsere Leiterschaft lebendig sein, so dass wir prophetische Worte sagen können – nicht unsere Meinung, sondern deine unwandelbare Wahrheit. Färbe unseren grauen Geist mit deiner strahlenden Gegenwart, so dass sich andere zu dem leuchtenden Christus in uns hingezogen fühlen. Amen.

Die Füße einer Frau

Zwei Wege: Maria aus Betanien

Der Lebensweg verläuft nur selten ohne Höhen, Tiefen und Umwege. Manchmal tanze ich fröhlich durch den Tag, und ein anderes Mal schleppe ich mein jämmerliches Ich mit mir herum, als trüge ich die Last der Welt auf meinen Schultern. Zwischen den Tänzeltagen und den Rucksacktagen liegen schier endlose Pflastersteintage, die einen Großteil meiner Zeit auszumachen scheinen. Das sind Zeiten, in denen ich versuche einen Fuß vor den anderen zu setzen und dabei die Aufgaben zu erledigen, die sich mir in den Weg stellen. An solchen Tagen rede ich mir ein, dass die Selbstbeherrschung und Plackerei einem höheren Ziel dienen und dass die Pflastersteine des Gehorsams und des Durchhaltens noch einen anderen Sinn haben als den, meine Rückenmuskeln und meine Nerven zu trainieren.

Das Problem ist: Wenn wir Pflastersteine herumschleppen, sind wir so damit beschäftigt, sie anzuheben und zu tragen, dass wir kaum etwas von dem Fortschritt mitbekommen, den unsere Arbeit ermöglicht. Vielleicht ist das auch gut so, damit wir uns nicht auf unserem kleinen Stapel Steine ausruhen und uns von unserer Berufung ablenken lassen – nämlich unsere Pflastersteine zu den anderen hinzuzufügen, die von Menschen vor uns gelegt wurden und die die Wege bilden, auf denen wir gehen. Diese Wege weiterzubauen dient uns und jenen, die nach uns kommen.

Außerdem gibt es nichts Besseres als einen festen, gut ausgeleuchteten und mit Wegweisern versehenen Weg. Davon kann Maria aus Betanien ein Lied singen.

Maria scheint untrennbar mit ihrer Schwester Marta verbunden zu sein. Jedes Mal, wenn wir von einer der beiden Schwestern lesen, dann taucht auch die andere auf. Na ja, fast jedes Mal. Zum Beispiel, als der gepflasterte Weg zu ihrer Tür führte und die beiden Jesus und seine Jünger in ihrem Haus bewirteten. Marta fühlte sich ausgenutzt, weil sie all die Schwerstarbeit zu erledigen hatte, während Maria bei Jesus saß. Was das für ein Theater gab! Die Leute haben seitdem ständig mit Fingern auf die Schwestern gezeigt und sich auf die Seite der einen oder der anderen geschlagen, je nachdem, wer ihrer Meinung nach Recht hatte. Hätte Maria Marta helfen sollen, alles für die Gäste vorzubereiten, oder hätte sich Marta neben Maria setzen und den Worten ihres Heilandes lauschen sollen?

Hm, ich frage mich, ob sie nicht beide das Richtige getan haben. Vielleicht zeichnet ihre Geschichte zwei notwendige Wege, die wir Frauen oft gehen müssen: zum einen in ganz praktischen Dingen zu dienen und zu leiten, zum anderen unser geistliches Leben zu vertiefen und auf Gottes Reden zu hören. Die Herausforderung für uns ist natürlich herauszufinden, wann wir das eine und wann das andere von ganzem Herzen tun sollen.

Maria schien sich ihrer Berufung in Bezug auf Jesus bewusst zu sein. Ihr Weg führte sie immer wieder zu den Füßen Jesu. Dort finden wir sie sitzend, weinend, kniend, hörend und fragend. Die Anforderungen des Alltags konnten Marias Aufmerksamkeit nicht auf sich ziehen – sie wusste einfach, dass dies der Zeitpunkt war, um bei Jesus zu sein. Jesus lobte sie dafür und bestätigte sie in ihrem Entschluss. Wie zutiefst befriedigend das für sie gewesen sein muss!

Ich will wie Maria sein, aber zugleich muss ich auch wie Marta sein. Sie kümmerte sich um viele Dinge, was auf die meisten von uns auch zutrifft. Wir sind dazu berufen, uns um die anstehenden Aufgaben zu kümmern, doch gleichzeitig sehnen wir uns danach, unser geistliches Leben dem Herrn zu öffnen. Müssen wir dann den einen Weg aufgeben und auf dem anderen gehen? Oder ist es möglich, dass beide Wege an bestimmten Stellen zusammenlaufen?

Ich glaube, wir bestimmen selbst die Richtung auf unserem Lebensweg. Das ist nicht einfach, aber es ist möglich. Es braucht Entschlossenheit, einen Schritt nach dem anderen zu tun und dabei nicht die Zeiten zu verpassen, wenn unsere Schritte uns zu Jesus führen sollten. Auf den folgenden Seiten werden wir in Marias Sandalen schlüpfen und auf ihrem Weg gehen in der Hoffnung, dass auch wir die wunderbare Bestätigung Jesus erfahren, während wir unseren Teil dazu beitragen, den Weg für andere freizumachen.

48 *Treu*
oder: loyal, ergeben, gewissenhaft, zuverlässig

»Sehr gut«, sagte sein Herr, »du bist ein tüchtiger
und treuer Diener.« (Matthäus 25,21)

Reisen kann sehr frustrierend sein. Für die meisten von Ihnen
wird das keine Neuigkeit sein, zumal wenn Sie gewohnt sind
mit Kindern zu verreisen. Aber abgesehen davon stellt schon
die Fülle an verkehrstechnischen oder wetterbedingten Hin-
dernissen unsere Geduld auf die Probe, denn beim Reisen
begegnen wir Unfällen, Straßenbauarbeiten, Ausrüstungsprob-
lemen, Staus, Verspätungen wegen Sturmwarnungen und
natürlich alle Formen von menschlichen Pannen.

Da ich viel unterwegs bin, kenne ich Umwege aller Art.
Normalerweise kann ich gut damit umgehen, aber manchmal,
wenn das viel zitierte Fass überläuft, kann ich nicht mehr für
ein liebliches Wesen und ein freundliches Vokabular garantie-
ren. Ich glaube, was wir sagen und tun, spiegelt unsere Verlässlichkeit oder unseren Mangel an Verlässlichkeit ebenso
wider wie den Grad unserer Zufriedenheit. Unsere äußeren
Reaktionen auf das Leben beleuchten, für alle sichtbar, unseren inneren Zustand.

Nun zeigen Frauen ihre Standhaftigkeit oft gerade in Grenz-
situationen. Sie sind Freunden und Familie gegenüber loyal,
manchmal sogar gegen alle Vernunft, wenn sie die Schwächen
ihrer Lieben übersehen. Frauen bringen den wichtigen Menschen in ihrem Leben hingebungsvolle Begeisterung und
Unterstützung entgegen. Und sie halten den Verrat an einer
Freundschaft für ein Kapitalverbrechen. Ich halte all diese
Aspekte von Treue für wichtig, aber ich lebe nicht immer so,
als täte ich es.

Als ich neulich am Flughafenschalter erfuhr, dass mein Flug storniert worden war, war ich enttäuscht. Ich wurde auf eine andere Fluggesellschaft umgebucht und hatte nur zwanzig Minuten, um die Maschine zu erreichen. Während ich meine drei Gepäckstücke an fünfundzwanzig Gates vorbeischleppte, wurde ich langsam sauer. Richtig wütend wurde ich aber erst, als ich keuchend am Flugsteig ankam und hörte, man könne mein Gepäck nur bis zum nächsten Flughafen mitnehmen. Ich sollte es in Dallas also abholen, es zu einem anderen Terminal befördern und dann zu meinem Anschlussflug rennen. Großartig!

Obwohl ich so geladen war, hielt ich meine Zunge im Zaum. Aber als das Flugzeug abhob, segelten auch meine Gedanken los. Oder besser gesagt, sie schossen davon. Ich stritt im Geiste mit jedem, dem ich auf dieser Reise schon begegnet war und mit jedem, dem ich vielleicht noch begegnen könnte – Gott eingeschlossen. Wenn das kein Nährboden für Groll ist! Ich reagierte nicht wie eine treue Nachfolgerin Christi, sondern eher wie eine nörgelnde verlorene Seele.

Denn wissen Sie, ich hatte diese Reise genau geplant. Ich hatte mir vorgestellt, wie ich am Flughafen ankomme, ins Flugzeug steige, meinem Zielort entgegenfliege und dort ausgeruht nach sechs Stunden ankomme. Ich glaubte, wenn ich meinen Teil getan hätte, dann würden alle anderen Beteiligten ebenso zuverlässig ihren Teil zu meinem Plan beitragen. Und nachdem dieser Plan nun schief gegangen war, machte ich mir durch meine Gemütsverfassung das Leben selbst noch schwerer.

Zwischen all den Beschwerdebriefen an die Fluggesellschaften, die ich im Geiste entwarf, schaffte ich es, mir Plan B zu überlegen, und der sah so aus: Ich würde mir gleich nach der Landung einen Gepäckträger besorgen, der mir helfen sollte, mein Gepäck zum nächsten Terminal zu schaffen. Aber als ich an der Gepäckausgabe ankam, fand ich heraus, dass die Gepäckträger nur für jene Fluggäste zuständig waren, die hier ihre Reise begannen. Also holte ich mir einen Gepäckwagen, lud mein Gepäck auf und begab mich in Windeseile zum Flughafenshuttle. Aber als ich versuchte, den Wagen durch die Tür zu schieben, verkeilten sich die Räder, und mein Krempel und ich wurden in der sich schließenden Tür eingeklemmt. Ein Pilot, der auch mitfuhr, rettete mich; er zog mich und meinen Wagen sicher an Bord. Während ich versuchte, meine Garderobe und Frisur wieder einigermaßen in Form zu bringen, dankte ich dem hilfreichen Piloten und gestand ihm: »Ich bin zu klein, um allein zu verreisen.«

Kennen Sie das Gefühl? Dass das Leben einfach zu viel für Sie ist? Dass es zu viele Fallen gibt? Und man sich nicht darauf verlassen kann, dass Menschen gewissenhaft ihre Aufgaben erfüllen? Oder dass wir selbst auch nicht in der Lage sind, unsere Dinge zuverlässig zu erledigen?

Ich frage mich, ob Maria sich so fühlte, als ihr Leben plötzlich so aus dem Ruder lief. Ihr Bruder Lazarus war gestorben, und obwohl wir wissen, dass alle Menschen sterben müssen, sind wir doch nie vorbereitet, wenn es jemanden trifft, der uns sehr nahe steht. Auch wenn er schon lange lebt und sofern er nicht leidet, wollen wir, dass der geliebte Mensch noch länger bei uns bleibt. Das ist nur natürlich.

Als Maria und ihre Schwester in Ruhe über ihren Verlust nachdenken konnten, waren sie sicher: Wenn Jesus da gewesen wäre, wäre ihr Bruder nicht gestorben. Wie treu müssen sie zueinander gehalten haben, sich gegenseitig getröstet und Zuwendung gegeben haben in ihrer Not. Ihre Gedanken kreisten um die Frage, was unter anderen Umständen passiert wäre. Wir wissen das, denn als Jesus kam, sprachen beide Schwestern ihn darauf an. Maria fiel sogar weinend vor ihm nieder.

Unser Leben entwickelt sich nur selten ohne Hindernisse, Haken, Störungen und Unannehmlichkeiten. Manchmal ist es nur ein ausgefallener Flug, manchmal aber auch etwas so Dramatisches wie der Verlust eines geliebten Menschen. Es hilft uns zu wissen, dass wir nicht die Opfer einer Welt sind, die außer Kontrolle gerät, sondern dass unsere Schritte sicher geleitet werden von einem souveränen und treuen Gott. Er hat uns nicht aus den Augen verloren. Ihn überraschen unsere Probleme nicht. Er wusste, dass unser Weg schrecklich werden würde. Er hat es uns selbst gesagt.

Aber es gibt auch gute Nachrichten bezüglich unserer manchmal recht fragwürdigen Reaktionen, in unseren nicht so loyalen Augenblicken: Wenn wir uns über unseren seelischen Zustand im Klaren sind, ist das eine wertvolle Hilfe in der Fürbitte für uns selbst. Es kann auch eine Erinnerung daran sein, dass wir für andere beten müssen, die uns auf irgendeine Weise im Stich gelassen haben. Und gerade in solchen Zeiten helfen uns oftmals Frauen, die treu zu uns stehen, dass wir das innere Gleichgewicht wieder finden. Ich bin froh, dass der Herr unsere Zerbrechlichkeit, unsere Fehlerhaftigkeit und unsere Ängste kennt und dass er uns liebevoll in die Arme nimmt und uns immer treu ist.

Und wenn das Fass mal wieder überläuft, möchte ich gerne eine Frau sein, aus der das lebendige Wasser des Glaubens strömt.

Fundamental

oder: grundlegend, wesentlich, Halt gebend

Er hat mich ... auf Felsengrund gestellt.
Jetzt kann ich wieder sichere Schritte tun. (Psalm 40,3)

Füße sind fundamental. Fragen Sie meinen Mann Les – er kämpft gegen die Diabetes, die seine Füße zerstört. Wenn er zu gehen versucht, besteht die Gefahr, dass er fällt und sich etwas bricht und sein Gesundheitszustand dadurch noch schlechter wird.

Während der letzten Jahre haben wir in unserer Familie gelernt, wie wichtig Füße zur eigenen Mobilität sind. Les ist mit Krücken gelaufen, in Gips, mit Stöcken und seit kurzem bewegt er sich oft in einer Art Rollstuhl vorwärts. Und so hilfreich all diese Hilfsmittel für ihn sind – er sagt, es sei doch nicht damit zu vergleichen, einfach aufzustehen und auf den eigenen Füßen im Zimmer herumzulaufen.

Füße sind schon etwas Komisches. Es gibt sie in unterschiedlichen Formen (breit, schmal, knubbelig) und unterschiedlichen Größen. Ich habe Größe 37, und das ist riesig neben den Füßen meiner Mutter, die 35 trägt. Aber meine Schuhe sehen aus wie Kinderschuhe, wenn sie neben den 47er Quadratlatschen meines Mannes stehen. Ist Ihnen schon mal aufgefallen, wie appetitlich Babyfüße aussehen? Im Gegensatz zu erwachsenen Füßen, die einfach aussehen wie – Füße.

Füße verändern sich mit den Jahren und Kilometern, die sie zurücklegen. Sie scheinen breiter zu werden und die Zehen fangen an, sich merkwürdig zu verhalten, sich zu krümmen zum Beispiel. Warum tun sie das? Und Zehnägel werden dick und gelb (Iiih!). Was für einen Sinn hat das? Unsere Fersen sehen immer mehr wie Bimssteine aus und reißen unschöne Löcher in Strumpfhosen. Wer braucht so etwas? Ich weiß nicht, wie es Ihnen geht, aber wenn ich viel auf den Beinen bin oder wenn ich die falschen Schuhe trage, dann bekomme ich richtig fiese Krämpfe in meinen Zehen.

Ja, Füße sind fundamental, und ihr Zustand beeinflusst grundlegend unseren Alltag. Ich erinnere mich noch gut an eine sehr ermüdende Reise, bei der ich meine hochhackigen Schuhe am Flughafen auszog, um von einem Flugsteig zum nächsten zu rennen. Während ich endlose Korridore entlanghastete, wuchs die Überzeugung in mir, dass mein Flugzeug in einem anderen Bundesstaat stand. Schließlich hielt ein Gepäckfahrer seine Elektrokarre an und sagte, ich könne einsteigen. Das ließ ich mir nicht zweimal sagen! Als ich Stunden später zu Hause ankam, warf ich als Erstes die hochhackigen Schuhe in den Müll.

Maria von Betanien hatte bestimmt fundamentaleres Schuhwerk als ich. In ihrem Kleiderschrank fanden sich keine Pumps, Riemchensandalen oder ähnlich unpraktische Dinge; nichts, was ihr Fortkommen behindern konnte. Offenbar hatte sie begriffen, dass sie knien, zur Ruhe kommen und sich Zeit nehmen musste, um zu Jesu Füßen zu sitzen. Denn nur so würde sie es schaffen, die endlosen Korridore des Lebens zurückzulegen. Als Maria niederkniete, wusste sie nicht, dass sie nach dem Tod ihres Herrn immer noch zu seinen Füßen würde sitzen können. Dass er sich mit ihr in der Stille und in turbulenten Zeiten treffen würde, genauso wie er es getan hatte, als er auf der Erde lebte. Dass er sich danach sehnen würde, sich in ihrem Leben zu offenbaren und ihre Füße in die richtige Richtung zu lenken. Was für eine Erleichterung muss es gewesen sein, als sie ihn nach der Auferstehung Jesu in ihren privaten Gebeten traf. Oder in ihm den treuen Weggefährten in den Kämpfen des Lebens fand, als er ihr seine Worte eingab und ihr Herz mit dem Heiligen Geist tröstete.

Auch wir können diesen fundamentalen Glauben erleben.

Selbst an stürmischen Tagen lädt uns der Herr ein, zu seinen Füßen Platz zu nehmen und von ihm zu lernen. Und wir
können dann die Stille und den Frieden, die wir bei Jesus erleben, zu Füßen unserer Familie niederlegen. Ich glaube, Frau-
en tragen entscheidend zur Geborgenheit in der Familie bei.
Wenn es unserem Herzen gut geht, dann färbt das Gefühl der
Sicherheit auf unsere Lieben ab. Ob wir also Schuhgröße 35
oder 47 tragen, ob wir Körbchengröße 70A haben oder 95DD,
ob wir unseren Lebensweg in Joggingschuhen oder in einem
Rollstuhl zurücklegen – was uns wirklich weiterkommen lässt,
ist unser Glaube an Jesus Christus.

In der Nachfolge

oder: auf der Spur, gehorsam, nachahmend

Und eben dazu hat er euch berufen. Ihr wisst doch:
Christus hat ... euch ein Beispiel gegeben,
damit ihr seinen Spuren folgt. (1. Petrus 2,21)

Über die Jahre hinweg haben meine Freundin Lana und ich oft das Quartier geteilt, wenn wir gemeinsam unterwegs waren. Was ein ähnlich verrücktes Paar ergibt wie Walter Matthau und Jack Lemmon. Wie die beiden es waren, sind auch wir sehr unterschiedlich.

Lana mag es, wenn ein Raum bis auf Eisschrankniveau heruntergekühlt ist, während ich Wärmflaschentemperatur vorziehe. Wenn die Sonne untergeht, komme ich allmählich zur Ruhe, Lana dagegen dreht abends erst richtig auf. Ich dagegen bin am Ende eines langen Tages völlig fertig und erwache nicht wieder zum Leben, bevor das Tageslicht in mein Zimmer fällt. Dann stehe ich auf wie Lazarus, noch ganz blass um die Nase. Lana ist von Natur aus ganz ruhig, während ich ... egal, Sie wissen, was ich meine.

Aber eine Eigenschaft haben wir gemeinsam – keine von uns beiden hat auch nur den geringsten Orientierungssinn. Wenn wir zusammen in einen neuen Tag starten, dann übernimmt Lana oft die Führung und ich folge ihr. Anstatt zum Frühstücksraum zu gehen, landen wir in der Regel in irgendwelchen Zimmern und Fluren, die nicht für die Öffentlichkeit bestimmt sind. Es ist nicht Lanas Fehler, denn sie warnt mich jedes Mal ihr zu folgen. Aber sie geht so selbstsicher los, dass ich immer meine, Lana wüsste, wo es langgeht. Nach wiederholten Auseinandersetzungen mit Hotelmanagern habe ich gelernt, dass ich besser jemandem folge, der wirklich weiß, wo es langgeht.

In einer Welt die darauf besteht, dass wir die Führung übernehmen sollen, scheint das Konzept der Nachfolge wenig ansprechend zu sein. Aber genau das ist Gottes Konzept für uns. In den Augen der Welt bedeutet Nachfolge Schwäche, aber im Reich Gottes zeugt sie von Weisheit.

Maria aus Betanien kam besonders groß heraus, als sie zu Jesu Füßen saß. Sie folgte ihm durch Festzeiten, Elend und Trauer. Selbst als sie die Wege des Herrn nicht verstand, kniete sie vor ihm nieder. Und als sie erfuhr, dass ihr Herr diese Welt verlassen würde, nahm sie es demütig hin und folgte dem dienenden Beispiel Jesu, indem sie seine Füße salbte. Ihre Sensibilität, ihre Großzügigkeit und ihre Hingabe sind bewegend.

Ich habe mich schon vor vielen Jahren entschieden, Jesus zu folgen. Ich wünschte, ich könnte Ihnen berichten, dass ich dieses Vorhaben immer konsequent in die Tat umgesetzt hätte. Aber manchmal bin ich meinem eigenen Kopf gefolgt und dann landete ich in der Wüste. Ich bin der Menge gefolgt und das führte mich in karge, fruchtlose Ebenen. Ich bin dem Zeitgeist gefolgt und das brachte mich aus dem Gleichgewicht.

Aber jedes Mal, wenn ich vom Weg abkam, suchte der Herr mich und führte mich auf den rechten Weg zurück, wo er mir anbot, wieder die Führung zu übernehmen. Ich danke Gott, dass er nicht über meine Verirrungen lachte und mich nicht mir selbst überließ.

Und so versuche ich weiter, sensibel, großzügig und hingebungsvoll genug zu sein, um Jesus zu folgen – und niemandem sonst, solange ich lebe.

Fußweg zu Gott: Ein Gebet

Danke, Herr, dass du uns nicht mit einer Spur aus Brotkrumen abspeist und uns unseren Weg durch den Irrgarten des Leben suchen lässt. Stattdessen hast du unauslöschliche Fußspuren hinterlassen, das Licht deines Wortes und dein Versprechen, immer vor uns herzugehen.

Es tröstet und ermutigt mich, Herr, zu sehen, dass du Maria in ihrem Haus und in ihrer Trauer begegnet bist. Du, der du selbst gelitten hast, hast ihre Freude auferstehen lassen. Komm du heute in unser Haus. Wir heißen dich willkommen. Auch in unsere traurigen Herzen. Wir brauchen dich.

Lehre uns zu sein wie Maria, denn sie folgte dir treu und ehrte dich, indem sie genau hinhörte, intensiv lernte und selbstlos liebte. Kleide unsere Füße mit bereitwilligem Gehorsam, so dass auch wir auf deinen Wegen gehen. Amen.

Wunderbar weiblich

Was für eine unglaubliche Reise haben wir zu unseren Schwestern unternommen, von Sara über Ruth zu Debora bis hin zu Sulamith. Wir sind in ihren Sandalen gegangen und sind ihnen in ihre Häuser, an ihre Arbeitsplätze und sogar in feindliches Territorium gefolgt. Diese Glaubensvorbilder sind durch Unglück und Leid zu unseren Heldinnen geworden, denn sie erinnern uns daran, dass wir mit unseren Problemen nicht alleine dastehen. Uns ist klar geworden, dass auch sie mit ihren Gefühlen gerungen haben. Sie waren gefühlvolle Frauen, die manchmal auf die harte Tour lernen mussten, dass die Gefühle ihr Verhalten nicht bestimmen durften.

Erinnern Sie sich daran, als Sara die Nerven verlor? Mir ist es auch schon so gegangen, zwar nicht aus demselben Grund, aber trotzdem habe ich überreagiert, und die Leute in meiner Umgebung sind in Deckung gegangen. Ich habe mich auch schon wie Debora gefühlt, wenn auch selten – das waren Augenblicke, in denen ich beständig blieb, in denen ich tapfer kämpfte und von Gottes Sieg sang. Und wenn ich an die verschiedenen zärtlichen Gefühle von Rut denke, die sie ihrer Schwiegermutter entgegenbrachte, und an den Mut, den sie zeigte, als sie alles zurückließ, was ihr vertraut war, dann bekomme ich auch Mut. Ja, ich werde ermutigt, wenn ich mich mit dem Leben dieser Frauen beschäftige.

Und ich konnte diese Ermutigung schon oft gebrauchen. Vor zwei Jahren fanden Les und ich ein kleines Nest im Südwesten der Vereinigten Staaten, in das wir vor den kalten Wintern Michigans flohen. Les profitierte gesundheitlich sehr davon und ich hatte einen Ort, wo ich ohne große Ablenkungen schreiben konnte. Aber ich hatte nicht damit gerechnet, dass mir der Umzug so schwer fallen würde. Ich hatte mehr als nur Heimweh; ich machte eine regelrechte Krise durch bei dem Versuch herauszufinden, wo zwischen all den Kakteen, Skorpionen, Erdbeben und abgeschirmten Wohnblocks mein

Platz sein sollte. Die Unterschiede zwischen der warmen Wolle Michigans und der kühlen Baumwolle Kaliforniens mischten sich mit meinem Bedürfnis, mich an meine neue Umgebung anzupassen.

Mitten in den Anpassungsschwierigkeiten musste ich an Sara denken, die alles verließ, um ihrem Mann wer-weiß-wohin zu folgen. Kein Wunder, dass sie zickig war. Ich dachte an Abigail, die sich auf einmal im Königspalast wiederfand (nett, aber seltsam). Und ich dachte an die alternde Mirjam, die die letzten vierzig Jahre ihres Lebens damit verbrachte, die Heringe ihres Zeltes immer wieder auszureißen (wie frustrierend), und an Rut, die der Führung Gottes von ganzem Herzen folgte, nachdem sie so viel verloren hatte.

Das war für mich eine gute Erinnerung daran, dass ich in Christus geborgen bin und nicht in Michigan, in einem Retter und nicht in einer Umgebung. Der Herr würde mich in diesem neuen Land ebenso leiten, wie er Ester geführt hatte – aus ihrer Angst heraus und in eine neue Zukunft hinein, der sie voller Mut entgegensah.

Sobald ich mich in diese Gewissheit fallen ließ, fing ich an die Dinge anders zu sehen. Ich bemerkte auf einmal die Sonnenuntergänge in der Wüste, die Berge, die Palmen und das viele Sonnenlicht. Und ich wurde mir bewusst, dass ich dazu neige, meiner äußeren Umgebung mehr Bedeutung beizumessen, als ihr zukommt.

Mein Verstand sagt mir natürlich, dass Christus unsere Zuflucht ist, ob wir nun einen Palast haben oder eine Weide oder eine Hütte oder ein Loch. Aber trotzdem habe ich oft das Gefühl zerbrechlich zu sein und die Sehnsucht nach etwas Greifbarem, das mich tröstet. Deshalb, liebe Freundinnen, ist es so hilfreich, die Heiligen vergangener Tage und die Schwestern heutiger Tage zu haben, von denen wir Neues lernen können, auch ihre Entschlossenheit in der Nachfolge Christi. Erinnern wir uns an Maria von Betanien, die sich auf den Boden zu Jesu Füßen hockte und durch ihn erhoben wurde. Jede dieser biblischen Frauengestalten spornt uns an, mit einer Vision in die Zukunft zu gehen, so wie die Frau aus Sprüche 31 es uns raten würde. Denn auch, wenn Gott uns in die Wüste führt, arbeitet er weiter an uns und durch uns.

Eine Frau zu sein ist wunderbar, mit unseren Gefühlen und allem, was dazugehört. Aber es bedeutet nicht, dass wir zu jeder Zeit das Richtige tun werden. Im Gegenteil, Sie können sicher sein, dass wir inkonsequent, dickköpfig und frech sein werden. Wir brauchen die Erfahrungen unserer Geschlechtsgenossinnen, die wie wir Gefühlschaos und Versagen und Erfolge erlebt haben. Wir brauchen sie, um von ihnen zu lernen, wie wir unser Leben mit mehr Würde bewältigen und unsere wunderbar weiblichen Gefühle in einem gesunden Gleichgewicht halten können.

Die Schönheit Ihrer weiblichen Natur ist ein unschätzbares Gut. Gott hat uns geschaffen, um Gnade, Stärke und Sanftheit zu verkörpern und einfühlsamer Intelligenz Ausdruck zu verleihen. Was für ein Vorrecht! Was für eine Freude!

Ist es nicht wunderbar, eine Frau zu sein?

Gary Kinnaman

Was wir gerne glauben – die zehn beliebtesten christlichen Irrtümer

192 Seiten, ABCteam-Paperback, Bestell-Nr. 111 223

- Gott ist ewig, aber was er jetzt gerade von mir denkt, macht mir Sorgen.
- Gott ist ein kleinkarierter Haarspalter.
- Auf die Pluspunkte kommt es an (Je besser man ist, desto größer ist der Segen).
- Gott ist die Liebe, also wird er schon ein Auge zudrücken.
- Gott möchte, dass ich glücklich bin, also wird er mich vor Schmerz und Leid bewahren.
- Wenn Gott mir eine Aufgabe gibt, läuft alles wie am Schnürchen.
- Wenn ich nur genug bete und arbeite, wird mein Problem irgendwann verschwinden.
- Wenn mir etwas Schlimmes passiert, dann ist das meine Schuld.
- Hauptsache geistlich – alles andere ist Gott nicht wichtig.
- Wichtig ist, wie mein Glaube aussieht, und nicht, wie ich andere Menschen behandle.

Räumen Sie mit diesen und anderen Irrtümern auf – und entdecken Sie, wie befreiend das ist! Gott lässt sich nicht auf ein Regelwerk reduzieren. Den Blick immer auf die Bibel gerichtet, werden hier eingefahrene Gleise verlassen und lieb gewonnene Vorstellungen von Gott auf den Prüfstand gestellt. Eine echte Herausforderung für Christen.

ONCKEN VERLAG WUPPERTAL UND KASSEL